作家走进校园

ZUOJIA ZOUJIN XIAOYUAN

书本里

的蜜

金波的24堂阅读课

书本里的蜜

金波的24堂
阅读课

金波
著

紫雨老师
赏析

长江出版传媒 | 崇文书局

图书在版编目（CIP）数据

书本里的蜜：金波的24堂阅读课 / 金波著；紫雨老师赏析 .-- 武汉：崇文书局，2022.3
（作家走进校园 ： 彩绘版）
ISBN 978-7-5403-6563-9

Ⅰ. ①书… Ⅱ. ①金… ②紫… Ⅲ. ①阅读课－中小学－教学参考资料 Ⅳ. ① G634.333

中国版本图书馆 CIP 数据核字（2022）第 026899 号

责任编辑：高　娟
责任校对：董　颖
责任印制：李佳超

书本里的蜜：金波的 24 堂阅读课
Shuben Li de Mi:Jin Bo de 24 Tang Yuedu Ke

出版发行：长江出版传媒 | 崇文书局
地　　址：武汉市雄楚大街 268 号 C 座 11 层
电　　话：(027)87677133　　邮政编码：430070
印　　刷：湖北新华印务有限公司
开　　本：700 mm×960 mm　　1/16
印　　张：14
字　　数：120 千字
版　　次：2022 年 3 月第 1 版
印　　次：2022 年 3 月第 1 次印刷
定　　价：36.00 元

《作家走进校园》总序

《作家走进校园》是一套有意思的丛书，面对的是小学高年级的学生，其实，也适合于老师和家长阅读，特别是老师、家长和孩子一起读，乐趣会更多，效果会更好。这一次，崇文书局对这套丛书进行了重新整合，不仅精简篇幅，精心编排，而且增添了彩色插图，全书彩色印刷，图文并茂，赏心悦目，应该会让孩子更加喜欢。

这套书收录了金波、赵丽宏、吴然的作品，他们都是我国有名的作家，特别是创作了很多脍炙人口的儿童文学作品，其中很多篇章收录进中小学语文课本，孩子们都很熟悉，读他们的书，会感到很亲切。我的书也忝列其中，并且，遵照编辑之嘱，还要为这套丛书写一则总序，更是倍感荣幸，能够和孩子们有一次亲密接触和交流的机会。

在我的理解里，“作家走进校园”，有两种形式：一种是作家直接走进校园，面对面和孩子们交流；一种是作家的作品进校园，孩子们通过作家的作品和作家接触，从中学习到一些东西。显然，后一种形式，应该更普遍，也更适合孩子，因为我国中小学的学校众多，作家不可能走遍所有的校园，和所有的孩子见面。但是，作家的作品，可以更便捷地走进更多的校园。

不禁想起我自己的学生时代，那时候，物质和文化都没有现在这样的发达，作家也没有现在这样多，买书和找书更没有现在这样方便。我更多是通过到新华书店买书，或者到学校图书馆借书，读过之后，再通过抄书，来完成和作家接触的。至今想起，这样的“买书—读书—抄书”三部曲，依然觉得对我的成长帮助很大。同时，觉得这样的方式，虽然古旧，却并没有过时，便想推荐给孩子们，不必迷信“作家走进校园”中的前一种形式，一定非要直接和作家面对面地接触，作家不是明星，作家所要讲的东西，其实都尽在书中。

读书，是极个人化的事情，认真地读你心仪作家的书，同时静下心来抄一些他们书中的片段，比热闹的作家见面会，得一个作家的签名本，会更有实效。这时候，你和作家才真正是零距离心碰心的接触和交流。他们要说的话，你都可以听得清清楚楚；他们内心的秘密，你都可以探寻得仔仔细细；他们的写作方法，你也可以学习得明明白白。

我读中学的时候，没有那么多钱买书，但买的可怜的几本书，比如《李白诗选》《杜甫诗选》《陆游诗选》《宋词选》，还有郭风的《叶笛集》，泰戈尔的《泰戈尔文集》的前两卷，尽管经过了半个多世纪的颠簸，依然保存下来。更难得的是，那时候抄书抄的厚厚两本日记本，居然也真实的存在。那些作家，便成了多年友情不变乃至形影不离的真朋友。学生时代读书，镌刻在你生命的年轮里，真的是件美好的事情，是以后日子难以追回的梦境。

这两本笔记本里，其中抄录有应修人的一首小诗，墨迹褪色，记忆依旧清晰并清新。应修人不仅是五四时期的一位作家，还是一位革命烈士，牺牲的时候，只有33岁。这首小诗名字叫作《柳》，一共只有五行：

> 几来不见，
> 柳妹妹又换上新装了
> ——换得更清丽了！
> 可惜妹妹不像妈妈一样疼我，
> 妹妹，总不肯把换下的衣给我。

真的还记得当时抄录这首小诗的心情，感到是那样的新奇，心情是那样的兴奋。应修人用孩子的眼光看待春天刚刚回黄转绿的柳树，他把柳树清丽的枝条比作自己的小妹妹，是因为他想起了妈妈，想起妈妈的疼爱。他写得那么的委婉有致，将孩子的感情表达得那么的活泼俏皮，又那么的清新可爱。

当然，抄录的这些文字，有些当时并没有看懂，或者是似懂非懂，或者是不懂装懂。不管怎么说，抄录下来这些文字，对于我就是一种磨炼，就像跳进了水里，不管会游泳还是不会游泳，起码扑腾了一遍，沾惹上一身水花，探试了一番水的深浅。一个孩子，就是在最初的读书中像这样在懵懵懂懂的不懂、似懂非懂中慢慢长大的。

《作家走进校园》这套丛书所选的几位作家，我都非常熟悉，我相信他们，就像相信自己一样。相信孩子读他们的书，不仅会对你们的写作，同时对你们的成长都会有帮助的。好的文字，像透明的蓝天、清澈的湖水、纯净的心灵一样，是不会骗人的。在如今乱花迷眼的图书市场尤其是适合孩子阅读的书籍中，挑选起来是格外需要费心费力的。我只是希望在你们挑选了这套丛书的时候，能够多少注意我讲述我的学生时代读书的一点粗浅体会，提供给大家参考。如今买书，已经不再如我学生时代那样困难了，但买到了书，如何读，如何才能真正从中汲取营养，才是更重要的。我所强调的“买书—读书—抄书”这三部曲，其中抄书，哪怕只是抄上那么一点儿，也是很有益的，因为这是一项很重要的读书习惯和本事。如果你买到了这套书的几本或一本，希望你也能这样试一试，如此，作家才是真正走进校园，同时也走进你的心里，伴随你度过美好的少年时期。

肖复兴
2021年10月14日重阳节于北京

书本里

的蜜

金波的24堂
阅读课

目录

CONTENTS

第1堂课　童年游戏

一起长大的玩具 002

放风筝 008

【紫雨老师的话】 012

第2堂课　四季

金黄的树叶 014

星星和花 017

走进春天 018

【紫雨老师的话】 019

第3堂课　至爱

白马　黑马 022

月光摇篮曲 026

如果我是一片雪花 029

【紫雨老师的话】 030

第4堂课　家园

月光下的小河 032

国徽 034

做一片美的叶子 036

【紫雨老师的话】 038

第5堂课　情趣

我也是胡子爷爷 040

下雪的声音 045

【紫雨老师的话】 046

第6堂课　祝愿

熊奶奶的生日 048

绿色的太阳 052

【紫雨老师的话】 054

目录 CONTENTS

第7堂课　老师

第一句话　056

火红的枫叶　058

【紫雨老师的话】　060

第8堂课　创作

蝴蝶诗人　062

书本里的蜜　067

【紫雨老师的话】　070

第9堂课　雨

雨人　072

雨点儿　079

【紫雨老师的话】　080

第10堂课　尊重

蜗人　082

白丁香　紫丁香　087

用目光倾听　089

【紫雨老师的话】　090

第11堂课　温暖

白栅栏　092

树上的鞋　095

让太阳长上翅膀　098

【紫雨老师的话】　100

第12堂课　毅力

战胜自己是一种快乐　102

我有一个小本本　104

【紫雨老师的话】　108

第13堂课 感恩
神奇的小银蛇 110
燃烧的红烛 113
脸谱 116
【紫雨老师的话】 118

第14堂课 水
不结冰的湖 120
山泉 124
我们去看海 125
【紫雨老师的话】 126

第15堂课 感悟
大树城堡 128
被冷落的友爱 131
【紫雨老师的话】 134

第16堂课 爱你
两只棉手套 136
爱之歌 140
【紫雨老师的话】 142

第17堂课 色彩
蓝萤火 144
暮色 146
【紫雨老师的话】 148

第18堂课 思考
小狗的铃铛 150
自己的声音 152
凝视一朵花 155
【紫雨老师的话】 156

目录 CONTENTS

第19堂课 欢笑

老鸹枕头 158

冰上的笑声 162

笑的花朵 164

【紫雨老师的话】 **166**

第20堂课 忧伤

永远的家 168

柿子灯和相思鸟 172

【紫雨老师的话】 **176**

第21堂课 忆念

老头儿、老头儿，你下来 178

常常想起的朋友 181

【紫雨老师的话】 **182**

第22堂课 树

沉默的树 184

愿站成一棵树 187

树的家庭 188

【紫雨老师的话】 **190**

第23堂课 追求

秋天的蟋蟀 192

花的梦 197

【紫雨老师的话】 **200**

第24堂课 陪伴

一只蓝鸟和一棵树 202

回声 207

鸟巢 209

【紫雨老师的话】 **211**

第1堂课

童年游戏

1

Lesson 1

一起长大的玩具

猪蹄儿灯

小时候过年，最大的乐趣莫过于三十晚上点燃“猪蹄儿灯”。

那是一种自制的灯盏，点燃以后，高举过头，就像一支小小的火把。

其实，玩猪蹄儿灯，最大的乐趣，还缘于它的制作过程。

早在腊月二十几，不少人家就开始宰猪了。我们小孩子家对于宰猪吃肉，当然有兴趣，但也早就巴望着得到那尖尖的猪蹄儿壳，觊觎着一小块猪油，好用来做一盏猪蹄儿灯。

被宰了的大肥猪，浸在热汤里，刮去了鬃毛，白白胖胖地躺在案板上，它的四只尖尖的小猪蹄儿翘得高高的。

我们拿一根长长的钉子，用钉子帽儿用力一勾，就把猪蹄儿壳勾了下来。大人们很慷慨，尽管你去勾，反正对他们来说也没用。

但是，想要一块猪油可就难了。没有猪油是万万做不成猪蹄儿灯的。所以，我们总是死乞白赖地讨猪油。而他们又总是说，这样一块猪油，够炒一个菜的了。

我们说，宁肯少吃一个菜，也愿得到一块猪油。

快过年了，大人们也不愿拂了孩子们的面子，所以最后总是能满足我们的要求，割下一块猪油送给我们。

有了猪油，再去找妈妈要一根棉捻儿，裹在猪油里，塞进猪蹄儿壳里，一盏灯就算做成了。

最后一道工序简单多了，找一根高粱秆儿，劈开一端，把猪蹄儿灯夹紧，就算大功告成。

到了三十晚上，把猪蹄儿灯点着，互相招呼着，一齐走到街上来。

街上已有好多孩子提着各式各样的灯笼出来了。他们的灯只能提着，低低地照着脚下一小片土地；我们的猪蹄儿灯却总能举过头顶，照得很高很远。

最值得骄傲的是，我们的灯是自己做的。

抽陀螺

“杨柳活，抽陀螺。”

这是我童年时学过的一首童谣中的两句，说的是初春时节，孩子们常玩的一种游戏。

陀螺，是一种很简单的玩具，小孩子自己都可以制作。找一块木头，削成一寸多高，直径也一寸多的圆柱形，再把下端削尖，尖端安一粒滚珠，陀螺就算做成了；再做一根鞭子，就可以玩儿起来。

玩的时候，先得从鞭梢缠起，缠住陀螺的腰身。直放在地上，用手指按住陀螺顶端，用力一拉鞭绳，陀螺就在地上转起来，再用鞭子不断抽打，越抽转得越快。

为了让陀螺转得更快，我们常到冰上去玩儿。鞭梢儿噼啪噼啪响，陀螺

滴溜滴溜转。尽管天寒地冻，谁也不觉得冷。在我的印象中，抽陀螺的游戏似乎只限于男孩子玩儿。现在想起来，大约是因为这种游戏刺激性较强，你必须一下一下地去抽打，它才转；稍一怠慢，它就会停转歪倒。抽陀螺，还很有进攻性。几个人一起在冰上抽打，常常是扬鞭猛抽一下，让自己的陀螺以极快的转速去撞击别人的陀螺，以把别人的撞倒为赢。

给我印象最深的是1945年抗战胜利后，不知是谁，把“抽陀螺”改叫“抽汉奸”。这个新名称，很快就被大家认可。一说起“抽汉奸”，我们的鞭子抽得更响、更有力，把那些投敌卖国者视作陀螺，一鞭一鞭抽得它在冰上团团转，很是解气。

有时候，大人们在一旁看着，也会走上前来，和我们一起抽它几鞭子。

兔儿爷

小白兔向来是儿童的宠物，雪白的绒毛，通红的眼睛，尤其是温顺的性格，让我们格外爱怜。每年中秋节，市面上除了卖月饼、水果、干果外，最引起我们孩子家兴趣的，就数泥塑兔儿爷了。本是兔儿，偏又以“爷”相称，在别的动物中，绝无这种殊荣。“爷”字向来是与长辈、与威严连在一起的。在人间不说，单就诸神而论，我小时候就知道有“灶王爷”“土地爷”“财神爷”，对这些“爷”们，须格外敬畏，以免招灾惹祸。

这兔儿爷，虽然也算得上广寒宫里的“神兔”，即使称为“爷”，我们也并不惧怕它；相反，都觉得这兔儿爷和我们最平等，最亲近。每年的中秋节，都愿意“请”一尊兔儿爷来和我们玩耍。它带给我们的快乐，是别的玩具所不能代替的。

对兔儿爷的喜爱，除了缘于对生活中真实小白兔的温情之外，还由于兔儿爷多了几分童话色彩。

兔儿爷的外貌就很奇特，兔脸儿，人身子，那样子格外引人遐想。

那时候，每逢买来一个兔儿爷，总是沉甸甸地抱在怀里，和它脸对脸地对视好久。兔儿爷的眼睛瞪得圆圆的，兔儿爷的穿着打扮也很奇特，有的穿着大红袍，有的披着甲胄，有的背插令旗，样子很威武。

兔儿爷可不是卧在那儿，而是骑着老虎，或者狮子，或者麒麟，好像随时准备出征，无往而不胜。

在我买到的众多的兔儿爷中，我最喜欢的是一种叫“刮打刮打嘴”的兔儿爷。这种兔儿爷嘴唇会动，一动就发出“刮打刮打”的响声。原来有一根线连着嘴唇，从中空的体内伸到脚下，用手一拽，嘴巴一张一合，发出声响。

说起兔儿爷，本是中秋祭月的象征；以兔代月，又是源于兔居月中捣药的神话。妇女拜月，供的是“月光码儿”；我们儿童仿效妇女，供的是兔儿爷。对我们这些孩子来说，拜月是游戏，兔儿爷就成了我们的玩具了。

小时候，年年中秋节都要买一个兔儿爷。开始年龄小，买个二三寸高的，随着年龄增长，买的兔儿爷也越来越大，我买过的兔儿爷，最大的有身高一

尺的。

兔儿爷最大的有二三尺高。这么高的，我没买过，一来抱不动，二来也没地方摆。

已经好多年没见过兔儿爷了，如果现在有卖兔儿爷的，我一定买一个大个儿的。

放风筝

我小时候，最喜欢玩的游戏就是放风筝。几十年来，我一直保留着美好的记忆，对放风筝也格外留心。

今年的北京，好像很时兴放风筝。天安门广场每天都有放风筝的。我观察来这里放风筝的，大体有这么几种情况：一是对放风筝有浓厚的兴趣；二是带孩子来消遣；三是试飞的。我对这第三种最感兴趣，因为他们试飞的风筝无论是外形、色彩，还是飞翔的姿态都很别致，不少人都引颈而望。

说起我小时候放过的风筝，也许有点难为情，因为名称不雅，叫“屁股帘儿”，即使它的雅号，其实也不雅，叫“瓦片”。这是我见过的最简单的风筝了，连小孩子都会做。

做一只“屁股帘儿”风筝，先把两根竹条儿交叉着扎起来，另一根横扎在顶端，弯曲成弓形，糊上纸，下端再加上三条纸尾巴就成了。

“屁股帘儿”风筝虽然简单，但最受我们小孩子欢迎。它不用花钱买，万一线断了、风筝飞跑了，也不可惜。

除了“屁股帘儿”风筝，比较大众化的，还有“沙燕儿”风筝。它的外形像燕子，但它的剪刀一样的尾巴和展翅飞翔的双翼却被放大了。

在春天的郊外，在碧蓝如洗的晴空，常常会看到我们放飞的“沙燕儿”。

慢慢地，我们也学会了辨认“沙燕儿”的种类：有的叫“肥燕”，翅膀和尾巴都很肥大饱满；有的叫“瘦燕”，体态修长窈窕；有的叫“雏燕”，样子天真稚拙；还有一种叫“比翼燕”，是两只燕子并肩飞行。

面对天上这么多“沙燕儿”，人们还教会了我们一首老北京的童谣：

肥比男，
瘦比女，
雏燕比孩童，
双燕比夫妻。

听了这首童谣，我想象燕子一家在天上飞翔着的情景，心中那股亲情油然而生。

记得我还放过一种叫“黑锅底”的风筝，它的色彩是单一的黑色。样子像“沙燕儿”。不知为什么，见到“黑锅底”，我总会联想到京剧里包公的脸谱。与“黑锅底”相近的，还有“红锅底”“蓝锅底”，色彩也单一，分别为红色和蓝色。它们的色彩虽然单一，但给人凝重简洁的印象，飞上晴空，黑、红、蓝互相映衬，别有情趣。

我们那时放风筝，除了看谁的风筝飞得高远以外，还在放飞时，玩一种叫“送饭的”游戏。

我们小孩子玩的比较简单。所谓“送饭的”，就是选用彩色的纸片或纸环，把它套在风筝线的下端，借着风力把纸片或纸环，沿着风筝线吹上去，

直达风筝。

我们常常望着“送饭的”一面旋转着，一面直奔风筝，越飞越远。我们欢呼雀跃，好像真的把“饭”送给天上的风筝吃了。

说到“送饭的”游戏，我总忘不了玩出的新花样。有一次，夕阳西下，暮色苍茫，有人把“送饭的”换成一盏红灯笼，借着风力，它也沿着风筝线飞上了夜空。

那“送饭的”红灯笼，越飞越高，越飞越远，变成了夜空里一颗红宝石似的星星。凭借着它的光亮，我们可以知道我们风筝的高度。

在夜晚，这种别有情趣的放风筝，增添了新奇感、神秘感。一直到现在，我还保留着这种感觉。

可惜的是，这么多年了，我再没见过有谁这样放过风筝。

童年的风筝，一直在我记忆的天空里飞翔。

至今，在我家的墙上，还挂着一只风筝，它常常带着我飞回我的童年。

阅读提示

【紫雨老师的话】

说到童年的游戏，同学们肯定立刻想到了各种各样的电子玩具，如果在城市生活的，还会联想到那些游乐场里的大型玩具。而金波笔下的这些玩具似乎跟豪华没有任何关联，对于现在的孩子来说，甚至是极其简陋的。然而，玩具玩的并非什么贵贱，而是玩的一种真性情。

每个人都有和自己《一起长大的玩具》，最重要的是那些玩具里有自己的身影，无论是求了又求而得来的“猪蹄儿灯”，还是制作简单名称不雅的“屁股帘儿”，乃至需要用心打磨却能消解对汉奸仇恨的“抽陀螺”，都因为亲手制作而玩起来特别带劲儿。买来的“兔儿爷”则是顺应着民风民俗而自由处理的一份文化余闲。在制作这些玩具的过程中，本身就有一种文化的传承，一种对于自然的探寻，一份人与万物之理的亲密对话，这才是真正的“玩儿”。“玩中”所需要的热情和智慧，使得这些玩具有了“人”的精气神在其中：它们或是像兔儿爷那样承载着优美的神话传说；或是在放风筝时所激发的无限想象和美好的祝愿……这就是一种极有文化的玩儿！

四季

第2堂课

2

Lesson 2

金黄的树叶

秋天来了，一片银杏树变得金灿烂的。正午的阳光，从树梢上倾泻下来，染得每一片叶子都像镀上了金子。

这一天，有一个穿红衣服的小姑娘来到树林里，她是跟着爸爸特意到这儿来照相的。

她的衣服太艳丽了，远远望去，就像一朵红云在金色的树海里飘动着。

当她靠在树干上，微笑着拍摄下一幅照片的时候，有一片金黄的叶子无声地飘落下来，落在她的围巾上。

小姑娘把它带回了家。当她摘下围巾的时候，她才发现自己带回了一片金黄的叶子。

她多么高兴，她举着这片叶子端详着：它像一把金光闪闪的小扇子。她把它插在一个很小很小的花瓶里。她觉得这片秋叶比春天的花更美丽。

晚上，当她熄了灯，刚要入睡的时候，忽然发现有什么在闪闪发光。

她来到桌子前，原来是那片银杏叶子在闪烁着耀眼的光。

叶子说：“黑夜里，我可以发光，为你亮起一盏小灯。”

她把那片叶子放在枕边，它果然闪着太阳一样的光，照着她看书。当她困倦了，就把那片叶子夹在书里。随后，她进入了梦乡。

第二天早晨，是个阴冷的天气。那片叶子说："天冷了，我可以发热，给你取暖。"

她双手把叶子夹在手心里，果然像捧着一个小小的手炉；一会儿，全身就感到暖和了。

整个的一个冬天，那片金黄色的叶子都陪伴着她。冬天不再寒冷，也不再那么漫长。

春天来了。那片金黄的叶子闪出的光，不再那么明亮了，慢慢地也变冷了。

这一天晚上，小姑娘又把它捧在手上。她听见金黄的叶子用很弱的声音说："春天来了，外面又会长出新的叶子，开出新的花朵。我要走了，再见吧！"说着，它就慢慢地飘飞起来，向着敞开的窗子飞去。

小姑娘一把拉住它，爱抚地说："你别走。你曾经给过我光亮和温暖。你别走。我愿永远和你在一起。"

于是，那片金黄的叶子，做了她最珍爱的一枚书签，永远夹在一本她心爱的童话书里。

后来，小姑娘慢慢长大了。她仍常常翻开那本童话书，为的是再看看那片金黄的叶子，重温她童年时代最美丽的童话。

星星和花

我最喜欢夏天——
满地的鲜花：
这里一朵，
那里一朵，
真比天上的星星还多。

到了夜晚，
花儿睡了，
我数着满天的星星：
这里一颗，
那里一颗，
又比地上的花儿还多。

走进春天

当你在初春的早晨，看到第一株小草露出地面，第一颗绿芽钻出枝头，第一朵小花迎风开放的时候，你会感到一阵惊喜吗？

让我们一起走进春天。轻轻地抚摸一下小草，让它挺起腰肢；望着枝头的绿芽，让它舒展成一片叶子；闻一闻那朵小花，为它请来小蜜蜂。我们站在春天里，都说我们也成了春天最美的风景。

阅读提示 【紫雨老师的话】

如果你是个喜欢自然的孩子，那你不仅能发现大自然的许多秘密，更可以得到她无私的馈赠。四季的轮回有无尽的童话可读——

也许就像那个女孩一样，你也曾经捡过某一片树叶，像读书一样读它，你就会发现它是一本独特的书。它的纹脉，它的色彩，甚至它的斑点，还有它在四季里的讲述，足以让你着迷，最重要的是用心感受它所给予的光亮和温暖，成了童年里最宝贵的记忆。也许就像那被夏日的星星和鲜花所迷醉的孩子，你会于那纷繁中开心地点点数数，恍然不知天上人间地陶醉着。也许就像那个明明亮亮的池塘一样，让世间万物都来你明亮的眸子里留下自己的身影；也许你就是那惬意而活泼的一缕春风，点过枝头的嫩芽，抚过青绿的小草，采撷过每一朵鲜花的清香，品味过每一层泥土的芬芳，聆听过虫子的鸣叫，欣赏过鸟儿的歌唱……你会去奔赴大地的每一次盛宴，阅读四季的每一页诗行。

请学会珍藏自然的馈赠。一片金黄的叶子，是那样的简单而平凡，走进大自然，那纷繁的叶子装饰着世界，它们似乎都在做着相同的事情，展现着相同的色彩。可是，你知道吗？它们中的每一片又都是无可替代的。一片曾经给予光亮与温暖的叶子，对于小姑娘来说是无可替代的；天上的每一颗星，地上的每一朵花，对于数他们的孩子来说是无可替代的；每一粒枝头的嫩芽，对于春天来说是无可替代的；每一只从身边走过的虫子，对于明亮的小池塘来说都是无可替代的；四季里每一抹色彩，每一声啼鸣，对于大地母亲来说都是无可替代的……因为生命无法重复，从来都是唯一的！

第3堂课 至爱

3

Lesson 3

白马　黑马

草原上有一匹大白马，她的肚子鼓鼓的，人们都知道，她就要当妈妈了。

大家都说，大白马一定会生下一匹很好看很好看的小白马，他的毛儿一定会比他妈妈的更白、更亮。

大家天天盼望着小白马的降生。

有一天夜里，电闪雷鸣，下起了大雨。大白马就要生小马了，许多人冒着雨来看，有的人在家里等着好消息，不肯睡觉。

谁知大白马生下了一匹小黑马！

消息传开，谁听了都“唉”的一声叹口气，然后就说：“真没想到生下了一匹小黑马呀！”

小黑马又瘦又小，稀稀拉拉的毛儿乱蓬蓬的。可是，大白马很爱她的孩子，每天一次一次地舔着他的毛儿，安安静静地让他吃奶。

小黑马从降生的第一天开始，就享受着妈妈的爱。在这个世界上，他只知道，他有一个好妈妈。

但是，人们总嫌他是一匹小黑马，嫌他长得瘦小，长得丑。

这一天，牧人骑上大白马去牧羊。小黑马舍不得妈妈，也跟着去了。

小黑马跟着大白马走在草原上，不时地听见羊儿在议论：

“瞧，那匹大白马多漂亮，她怎么会生下这么一匹小黑马呢，真奇怪！”

小黑马自己也觉得很奇怪，就问妈妈：

“妈妈，你那么白，我为什么这么黑呢？”

大白马回答说：“黑，又有什么关系呢，只要你长大了有力气，能帮助牧人放好羊，是黑是白并不重要。”

小黑马牢牢记住了妈妈的话。他在草原上跑来跑去，玩得很开心。

小黑马渐渐长大了，他也能帮助牧人去放羊了。

第一次去放羊，临走的时候，妈妈叮嘱他：“小黑马，你要好好看护这些羊，别贪玩，别让羊走失了！”

小黑马答应一声就走了。他走了很远很远，还听见妈妈说：“小黑马，别人说你黑，你别在意。”

辽阔的大草原，一眼望不到边，遍野的绿草随风飘来很浓很浓的香味儿。

小黑马记住了妈妈的话，好好看护着羊。

那一夜，草原上天空很黑，星星都不见了。又过了一会儿，刮起了风，下起了雨。羊挤来挤去很慌张。小黑马围着这些羊一圈一圈地跑着，整整一夜都没停。

第二天早晨，天放晴了。早霞闪现在草原的上空。小黑马也披上了一身红红的霞光。他变成了一匹枣红马了！

牧人们见了都说：“这回小黑马可漂亮了，他变成一匹枣红马了！”

草原上的花朵仰起脸儿，向着他微笑。

又一夜，草原上夜色晴朗，满天星光闪闪。羊儿睡得很安详。忽然，小黑马听见窸窸窣窣的声音，他跑过一看，发现了一只狼！他“咴咴咴”一叫，扬起前蹄把野狼踩死了。

天上的星星看得清清楚楚，它们都夸小黑马勇敢。有好多小星星，还纷纷飘落在他的身上，就像给他镶嵌着一颗颗宝石。

牧人们见了，又说：“这回小黑马更漂亮了，他变成一匹闪闪发光的马了！”

草原上的羊，都围着他“咩咩咩”地唱起了歌。

又过了好几天，放牧的日子就要结束了。牧人抚摸着他红红的闪着光的皮毛说：“你现在再也不是一匹小黑马了，你变成了一匹闪闪发光的枣红马了。你是一匹最漂亮的马！”

小黑马听了很得意。牧人接着又夸赞他：

“你现在这么漂亮，你妈妈见了，一定认不出你了！”

小黑马听了很着急，他大声说：“那可不行！妈妈要是认不出我，那我还是她的孩子吗？”

这时候，小羊围过来说：“那有什么关系呢，你变成了最漂亮的马，这比什么都重要啊！”

“不，不！”小黑马着急地喊起来，“这不重要，不重要。我要让妈妈认识我，我还要做一匹小黑马！”

小黑马急得大哭起来。星星不愿意他难过，就从他的身上飞走了。霞光不愿意他难过，也从他的身上飞走了。

现在，他又变成一匹小黑马了。

他很高兴，因为他永远是妈妈的好孩子。

他是妈妈的一匹小黑马，这比什么都重要！

月光摇篮曲

太阳下山了。天还没有完全黑下来的时候，月亮升起来了。

一只刚刚会走路的小白鼠，第一次从幽暗的地洞里跑出来。他站在一棵大树下面，仰望着天上的月亮。他觉得那月亮是乘着一朵云飘来的，正要落在这棵大树上。

小白鼠想看看那轮圆圆的月亮，就顺着漆黑的树干往上爬。他把这又粗、又高、又直的树干一下当成了一条通往天上的路。他相信一直往上爬，就能爬到天上。

小白鼠往上爬啊爬，忽然听见有谁向他打招呼：

“小白鼠，你好啊！”说话的是住在树上的一只蓝喜鹊。她正坐在自己的窝里向四处观望风景。

“您好啊，喜鹊大婶！”小白鼠一直爬到喜鹊窝边，“这里是您的家吗？”

“是啊，欢迎你来做客！”蓝喜鹊热情地说。

小白鼠爬进喜鹊窝里，这里看看，那里瞧瞧：“啊，喜鹊大婶，您的家多么漂亮，多么舒服啊！”

忽然，他看见在枝叶间，有点点闪亮的星光飞来飞去。

“这些一闪一闪、亮亮的，是什么呀？”小白鼠惊奇地问。

“那是萤火虫啊！”蓝喜鹊告诉他。

“它们是月亮的孩子吗？”小白鼠又问。

这时候，只见月亮慢慢地升上了天空，离大树更近了。

“月亮什么时候才能落在大树上呢？”小白鼠问。

“等你睡着了的时候，它就会守护在你身边。”蓝喜鹊轻轻地说。

小白鼠睡在喜鹊窝里，就像睡在摇篮里，渐渐地，渐渐地，他合上了眼睛，睡了。

蓝喜鹊看着小白鼠睡在自己的窝里，那样子很乖很乖。

月亮慢慢地向树梢移近了，把月光洒在喜鹊窝里。喜鹊大婶给小白鼠唱起了摇篮曲……摇篮曲飘进小白鼠的梦里，他梦见怀里抱着一轮圆圆的月亮。

如果我是一片雪花

如果我是一片雪花，
你猜，我飘落到
什么地方去呢？

我愿飘落到小河里，
变成一滴水，
和小鱼小虾游戏。

我愿飘落到广场上，
堆个胖雪人，
望着你笑眯眯。

我更愿飘落到妈妈的脸上，
亲亲她，亲亲她，
然后就快乐地融化。

阅读提示【紫雨老师的话】

能让一个人安宁而幸福的莫过于亲情。

母亲拥有世间至美至真的亲情。人常说：母亲在哪里，哪里就是家！

母亲的爱，何等的博大，博大到无痕的地步，博大到就在那些琐碎的生活细节里。她就在夏日那一阵又一阵的凉风里，她就在小黑马将远行面对风雨的叮嘱里，她就在月光下蓝喜鹊对小白鼠的那份守护里……

至真的母爱，不只是母亲在我们幼小时那份全力的呵护，不只是母亲置整个世界的异样眼光于不顾的鼓励，不只是孩子远行时母亲那份“临行密密缝”的牵挂，更有母亲对儿女一生的精神滋养，对儿女灵魂安宁的拥抱。这一组文章让我们读到了母亲从不同角度和方式表达出来的至真之爱！

《白马 黑马》中的白马以一位母亲所特有的坚定，告诉孩子：“只要你长大了有力气，能帮助牧人放好羊，是黑是白并不重要。”这是一位母亲对孩子人生价值的正确指引，而这一切的背后都是以一种坚强的后盾作保：“是妈妈的一匹小黑马，这比什么都重要！”无论是别人耻笑的小黑马，还是别人赞美的枣红马，在妈妈的心中，永远是值得她用整个身心去爱着的孩子！一个孩子在妈妈面前从来没有丑陋过，也毋须用光环来装饰。

如果说爱自己的孩子，是每一位母亲的本能的话，那么《月光摇篮曲》里的蓝喜鹊则是将这份母爱有了更高一层次的诠释。她不仅给追求月光的小老鼠一个安身的摇篮，还像妈妈一样为小老鼠哼唱起摇篮曲，以圆这个孩子的“月亮梦”！幼吾幼以及人之幼，推己及人，给每一个需要母爱的孩子以温馨的摇篮，让他们拥有月光一样美好的童年。

第4堂课 家园

4

Lesson 4

月光下的小河

一条清清亮亮的小河，一路流淌着歌谣，她身边摇曳着花草，花草上落着一只翠鸟。

翠鸟说：

“小河，请你停下脚步，变成一个湖，和我在一起。”

小河扬起浪花，打一个旋儿，又向前流去。

黑夜降临了，夜色遮住了花草，翠鸟也已回巢。

小河也消失了吗？她仍在流淌着，只是不见了她流动的身影。

月亮记得小河，把月光洒下来，小河又显现了。

她穿起一身闪光的衣服，走出草原，流过山野，一路都有月光的陪伴，她不再惧怕黑夜，也不再孤单。

她有了金色的波浪，每一朵浪花，都是为她点燃的灯。

鱼啄食着河上的月光，吐着粒粒圆润的珍珠。今夜，小河有闪光的梦了。

冬天来了，月光下的小河，仍在流淌着。

她说：

“我是一条闪烁着月光的小河，冬天再冷，我也不会结冰。”

月亮说：

“有小河闪烁着我的光，时间再久，我也不会老去。”

小河潺潺，月光融融，一个在地上，一个在天空，向着大海，结伴同行……

国　徽

我拾到一分硬币，
我去交给老师，
我要先擦掉
他上面的污泥。
为的是让硬币上的
国徽像一颗星，
闪烁在我小小的
温暖的手心里。

我走在大街上，
我扶起一个
摔倒的小弟弟；
我看见：
警察叔叔甜甜的微笑
把他帽子上的国徽
映照得更美丽。

有一天，
我走过天安门，
我看见：
我们的国徽
和太阳在一起，
照耀着我，
也照耀着
祖国辽阔的大地。

做一片美的叶子

远远望去，那棵大树很美。

树像一朵绿色的云，从大地上升起。

我向大树走去。

走近树的时候，我发现，枝头的每一片叶子都很美。

每一片叶子形态各异——你找不到两片相同的叶子。

无数片不同的叶子做着相同的工作，把阳光变成生命的乳汁奉献给大树。

绿叶为大树而生。春天的时候，叶子嫩绿。夏天的时候，叶子肥美。秋叶变黄。冬日飘零——回归大树地下的根。

大树把无数的叶子结为一个整体。

无数的叶子在树上找到了自己的位置。

我们每一个人都像叶子，为生活的大树输送着营养，让它茁壮、葱翠。

大树站在太阳和土地之间。

每一棵大树都很美，每一片叶子都很美。

为了我们的大树，做一片美的叶子啊！

阅读提示【紫雨老师的话】

生命的源起与归属，是一个永恒的话题。也是哲学里的一个基本问题：我从哪里来？我将到哪里去？——这一组文章用极为形象的故事和小诗在回复着这样的一个思考。所有的生命都有自己的家园，这家园可以是其赖以生存的地域所在，更应该是其灵魂所向往的精神栖息之所在。我们可以从不同的事与物身上得到启示。

《月光下的小河》中的月光和小河因追求同一目标而结伴同行。同行中，小河说："冬天再冷，我也不会结冰。"月亮说："时间再久，我也不会老去。"——因为有了共同的精神家园，远行也有了诗意和浪漫。

《做一片美的叶子》将叶子与树的关系明白地呈现，读着叶子与树，你就可以读到任何一个个体与群体的关系：一片片叶子成就着树的美丽，而高大的树又给予叶子以家的温馨。一滴滴水汇成江河流向大海，而浩瀚的大海给予水滴以广阔的舞台。

这样的散文，自然地融入你的生活，融入你的思维。于是，你就自然地感受到了《国徽》之于硬币，之于警察，之于首都，之于一个公民的意义。无数生活的细节，无数平凡的人物，无数涌动的热情，汇聚在那神圣的国徽图案里，让我们读懂了一个国家、一个民族对于一个人的价值和意义。

我们风雨兼程，就是为了让我们的灵魂有一个明亮而温暖的家！

情趣

第5堂课

5

Lesson 5

我也是胡子爷爷

不知为什么，那一天，我很不快乐。

我走在一片茂密幽深的树林里，迎来了晴朗的早晨。

因为不快乐，林中的野花没引起我的兴趣，连那一蓬洁白肥大的蘑菇，我也懒得去采。

我只管低着头漫无目的地走着。

忽然，一只小鸟飞在我的前面，它扇动着翅膀，定定地悬在半空中和我说着话：

“您就像我们的胡子爷爷！”

我停下脚步，那只小鸟也落在枝头，继续跟我说着话：

“可惜胡子爷爷再也不能来了。”

小鸟很伤心的样子，它好像就要哭了。

我很关切地问它：

“胡子爷爷是谁？”

“是一个好爷爷，也像您这样，有好多好多胡子。”

小鸟慢慢变得高兴起来，又继续告诉我：

“胡子爷爷说过，等他的胡子越长越多，越长越长，等他的胡子变成绿色的，他就让我们到他的胡子里搭窝。”

我一听，兴致就来了，我快乐起来，接下去说：

“那多有意思呀！在绿胡子里搭窝，一定又暖和、又安全，是不是？”

“那当然。可惜——”它的声音一下子变得低沉了，“可惜胡子爷爷到另外一个世界去了，永远也不会回来了。”

我不愿让小鸟太伤心，便引开话题，问它：

“你住在哪儿呀？”

“我们有一所小鸟学校，我就住在学校里。怎么，你都不知道我们的小鸟学校？”

我只好抱歉地摇摇头。

“我们的小鸟学校，就在这树林的深处。”小鸟继续向我介绍，“那里有一棵最大最老的槐树，那就是我们的小鸟学校啊！”

我越听越感兴趣，就好奇地问它：

“你们学校都上什么课呀？都是谁来教你们呀？”

“功课么，其实就一门，就是学人说话。谁教？当然是胡子爷爷啦！”

“你们学得怎么样？”我继续好奇地问。

“还可以吧！我今天能和您交谈，不就是胡子爷爷教的么，您听着还可以吧？”

“真不错。快毕业了吧？”我想夸夸它。

“不，胡子爷爷说，还差得远哩！他还要教我们唱戏，还要教我们识字、写诗。唉，可惜——”说着，它又伤心了。

为了安慰它，我赶紧接上去说：

“领我去参观一下你们的小鸟学校，好吗？”

它很高兴，立刻飞在前面给我带路。

我跟着小鸟走路，脚步轻松多了。我一边走，一边哼起了小调。

小鸟又扇动着翅膀，定定地停在我面前，跟我说：

“我看，您也可以当我们的老师。您刚才唱得挺好听。再说，您长得也很像我们的胡子爷爷。胡子虽然短了点儿，那不要紧，这能长长啊！”

飞了一段路，它又定定地悬在半空中，不放心地问：

“您的胡子能变绿吗？”

对这个问题，我连想都没想过，我只能如实地告诉它“不知道”。

说着说着，我们已经来到那棵大槐树跟前了。

这可真是一所小鸟学校！树上落满了各种颜色的鸟儿，就像满树盛开着五颜六色的花朵，所不同的是，这些“花朵”会飞，又会叫。

小鸟们见我来了，不知怎的，一齐欢呼起来：

“胡子爷爷又回来了！欢迎、欢迎！”

我一下怔住了。我知道，小鸟们错把我当成真的胡子爷爷了。

我正不知道该怎么办才好，那只引路的小鸟悄悄地跟我说：

“快点头，快点头，您就是胡子爷爷了。”

我也来不及细想，就赶紧按它的要求去做。我一边点头，一边说：

“对、对，我就是胡子爷爷，我又回来了！”

小鸟们高兴得又叫又跳，那棵大槐树也跟着轻轻地摇动着枝条。

我被它们的热情深深地感动了，我大声说：

“我要教你们唱戏，我要教你们写诗。”

小鸟们一听，又是一阵欢呼。那只引路的小鸟也跟着欢呼起来。

我更激动了，又接着说：“我要让我的胡子长得长长的，我要让我的胡子变成绿色的，让你们到我的胡子里搭窝。我要带你们去旅行。”

这时候，有许多小鸟飞上我的肩头，用翅膀抚摸着我的胡子。我也情不自禁地捋着自己的胡子。

真奇怪，这么一会儿的工夫，我的胡子就长得很长很长了。

我还希望，我的胡子能真的变成绿色的。

不知为什么，那一天，我很快乐……

下雪的声音

下雪的天气很安静，
我在静静地倾听，
啊，我听见了，听见了，
听见了下雪的声音。

是什么样的声音？
像小鸟飞？像微风吹？
噢，不对，不对，
那声音真美！

下雪的声音像一首歌，
在我心中回响；
还有一幅图画，
在我梦中闪亮。

我听见
雪花引领着春天来了，
她的身后
是春天的鸟语花香。

阅读提示 【紫雨老师的话】

都说生活是五味杂陈的，而无论怎样的味道其实都是可以调配的，就像烹饪一样，生活的模样全然在于你看世界的眼光和心态。如果你是一个善于发现生活中各种情趣的人，你也可以很情趣地生活着。

《我也是胡子爷爷》写的是一个由“不快乐”开始而以“很快乐”结束的一天，故事讲述的是有胡子的“我”无意进入了那片需要“胡子爷爷”的绿色天地。无意中变成了鸟儿们所依赖所怀念的“胡子爷爷”，成了一种文明的传承者，他决定像“胡子爷爷”那样教鸟儿们唱戏、识字、写诗。甚至盼望自己有一天能长出绿绿的胡子来供小鸟们在里面做窝。——这样的故事，看起来是鸟儿们需要人类的爱护，从“我”开头的“很不快乐”到结束时的“很快乐”，你可以读出，其实是走近了大树和小鸟，改变了“我”。

如果你是一个有情趣的人，四季里你都会于自然中有所发现：聆听冬日里《下雪的声音》——奇特而又令人神往，还有那金色的秋和蓝色的夏，你用心去读懂它们的情趣，它们就会来点缀你的生活。

祝愿

第6堂课

6

Lesson 6

熊奶奶的生日

今天是熊奶奶的生日。

毛毛熊来到花园里，他要给奶奶采一束红玫瑰。

他一面采着，嘴里一面嘟哝着什么。谁也听不清他在说什么，也不知道他在和谁说话。

毛毛熊带着一束红玫瑰来给熊奶奶祝寿。

“哎呀，多漂亮的花呀！”熊奶奶一见这花就激动得叫起来。

然后，她又把鼻子凑到花跟前，闻一闻：

“啊，好香！好香！”熊奶奶又激动得叫起来。

毛毛熊看着熊奶奶激动的样子，也高兴极了。他在想，等会儿我还要让您更高兴呐!

谁也没想到，就在这时候，不知从哪里传来了哭声。

熊奶奶、毛毛熊和客人们都侧起耳朵在听，听了半天也听不出哭声是从哪儿传来的。

谁也不说话，屋里静极了。

突然又传来哭声。

这次毛毛熊听清了，原来哭声是从他采来的红玫瑰里传出来的。

“红玫瑰，你哭什么呀？”毛毛熊问。

红玫瑰摇摇头，说：“我没哭呀！”

这时，从花心里爬出一只小蜜蜂，一面哭着一面说：

“别冤枉红玫瑰，是我在哭。”

熊奶奶走过来，赶忙问：

“为什么哭呀？告诉奶奶。”

小蜜蜂抽泣着说：

“我采了蜜回不了家啦，我想妈妈。”

毛毛熊一听就明白了，一定是他刚才采摘红玫瑰的时候，把藏在花心里采蜜的小蜜蜂也给带来了。

熊奶奶说：“今天是我生日，玩一会儿让毛毛熊送你回家。”

小蜜蜂不愿意，他怕妈妈惦念他，想早点儿回家。

于是，毛毛熊为小蜜蜂指路，把他送走了。

熊奶奶的生日宴会开始了。

熊奶奶吹灭了红红的生日蜡烛。

音乐开始了，大家又跳起了舞。

舞刚停，毛毛熊向大家宣布：

“我不但献给奶奶一束花，我还要献给熊奶奶一首诗，现在请听我朗读——”

谁也不说话，静静地等待着。

毛毛熊清了清嗓子，摆好了姿势，开始朗诵：

熊奶奶有一个
属于她自己的节日
这节日，就是她的生日

谁也没想到毛毛熊还是诗人，也没想到他朗诵得这么好。

大家等待着他继续朗诵。可是他憋得满脸通红，也想不起下面的诗了。

正在大家着急的时候，忽然听见窗外有谁接着朗诵：

我们爱她，她的生日
也是我们大家的节日

啊！原来是刚才飞走的那只小蜜蜂又飞回来了。他的爸爸妈妈哥哥姐姐都来给熊奶奶过生日了。

毛毛熊赶紧请他们飞进来。他惊奇地问小蜜蜂：

“你怎么会背我写的诗啊？”

小蜜蜂说：“你采花时嘟嘟哝哝地背诗，我都听见了。”

这时候，只见小蜜蜂一家献上了一罐蜂蜜，小蜜蜂也摆好了姿势，朗诵起来：

我们送来了蜂蜜
让熊奶奶的生日甜甜的

这时候，毛毛熊也想起了几句诗，他又接下来朗诵着：

甜甜的，甜甜的
甜到熊奶奶心里
也甜到我们大家的心里

熊奶奶高兴得前仰后合，笑得甜极了、甜极了……

绿色的太阳

从双手抱着的奶瓶，
我认识了洁白。
从熟透的苹果，
我认识了鲜红。
从我仰望的晴空，
我认识了蔚蓝。

当我三岁的生日，
爸爸送我一盒蜡笔，
我觉得我无限富足，
我得到了一切色彩。

于是，我画：
一道蓝色的直线，
那是解冻的小溪；
画绿色的波纹，

那是连绵起伏的远山；
再画一个
大大的橙色的圆，
是中秋的明月挂在天边。

然而，现在，
我画彩色的棉花，
为了给小妹妹们
去做花衣裳；
我画透明的海洋，
为了看清海底的宝藏。

再画一个绿色的太阳，
为了让夏天凉爽。

阅读提示 【紫雨老师的话】

如果你有一份祝福，你会将它送给谁？

你可能会反问：为什么只有一份祝福？我们不可以拥有很多吗？

是的，其实与这个世界相处，我们可能会送出各种各样的祝福。有的祝福是亲情使然，有的祝福是交往使然，有的祝福是牵挂使然，有的祝福甚至是一种共生的愿望使然……

祝福，这个美好的词汇，常常会显现出它的感染力！《熊奶奶的生日》中，小熊全心地为熊奶奶采花、写诗，表达自己最纯真、最美好的祝福。而那只小蜜蜂却意外地进入了故事，他意外地感受到了熊奶奶全家的善良，却更意外地将更多的祝福回赠给了熊奶奶。直到他接着朗诵起祝福的小诗，我们才明白了毛毛熊“一面采着，嘴里一面嘟哝着什么”竟然是在播种祝福！

祝福还来自一份情怀，如果你情系夏日饱受炎烈之苦的人们，就会让“绿色的太阳”播撒你的祝福……

祝福自己，同时也为了祝福别人让这个世界充满美好。

老师

第7堂课

7

Lesson 7

第一句话

小姑娘点点在绿房子周围养了一大群小动物，有小猫、小狗、小鸡、小鸭，还有一只小乌龟，好多好多呀！

绿胡子爷爷老夸点点是个聪明的小姑娘。点点想：我聪明，我也要让我的小动物学聪明。

怎样才算聪明呢？要学会说话才算聪明。

于是，点点开始教她的小动物们学说话。

“我来教，你们学，起——床——啦，大家一起说！”

小乌龟转转小眼睛，什么也不说。

点点想：他们准是对这句话不感兴趣，我再教他们一句别的话。

“我来教，你们学，吃——饭——啦，大家一起说！”

小乌龟转转小眼睛，什么也不说。

点点想：算了，还是我来教他们一句天天说、永远也不会忘记的话。

“我来教，你们学，妈——妈——好！大家一起说！”

小乌龟转转小眼睛，也说：“妈——妈——好！”

大家一遍又一遍地说：“妈妈好！妈妈好！妈妈好！”

点点夸奖他们：“你们真聪明，学会了第一句话。”

绿胡子爷爷夸奖点点：“你也很聪明，教会了他们第一句话。”

火红的枫叶

我在树林里走来走去，想寻找一片火红火红的枫叶。

每当我拾起一片枫叶的时候，总以为找到了一片最红的。然而不久，我又找到了一片更红的。于是，我在枫树林里走了很久很久，一直在找来找去。

啊，我终于找到了一片最红最红的枫叶！它比朝霞更红，比玫瑰更红。它的样子最好看，就像我的小小手掌。

我把枫叶粘贴在一张洁白的纸上，再写上一首小诗，做成了一张贺卡，送给我的老师。

在秋天里，有一天是老师的生日。

阅读提示 【紫雨老师的话】

老师，一个亲切而又神圣的称谓！

可以说，我们每个人都曾有自己的老师，作为一种特别智慧的生物的人类，与万物交流中，又自觉不自觉地成了它们的老师。《第一句话》中教小动物们说话的点点就是这样一位聪明的小老师。她在教的过程中，学会了理解自己的“学生”，而理解了它们，就有了很通畅的沟通。事实上，我们学习自然的同时，也以我们的智慧赋予它们更深一层的意义。

老师，对于学生的影响当然绝不仅仅限于课堂上知识的传授。他们的精神影响会让你在某个特殊的时节，在某个特殊的情境，在你的心底泛起属于他们特有的芬芳。那可能是某个课堂上的细节，可能是课外的一次相遇，可能是让你终生铭记的一句话……老师所给予的一切就像“那记忆中的花香仍不会散去，它仍会把你带回到往昔的日子，让你重新品味生活，重新感受人生”。

第8堂课

创作

8

Lesson 8

蝴蝶诗人

一

有一年夏天，我在花园里捉住一只大蝴蝶。

它可不是一只普通的蝴蝶，它比我的手掌还要大。它翅膀上的花纹出奇地美丽。最使人惊奇的是，你心里想什么，它的翅膀上就能显现什么。比如我想象高山，它翅膀上就显现高山，山上有很多绿树，树林里还有鸟声；又比如我想象大海，它翅膀上就浪花飞溅，还发出“哗哗”的海潮声。

我捉住了这只大蝴蝶，如获至宝。

我不知道该把它放在什么地方好。想来想去，最后决定把它夹在我的一本诗集里。

我想，即使它死了，仍不会失去它的美丽，它还是一只蝴蝶标本。

二

一晃一年过去了，我早已忘记了我的那只大蝴蝶。

有一天，我偶然从书架上取下我的诗集，还没翻开书页，就听见有谁在朗诵诗歌。那声音好像很遥远，在山的那边，在白云之间；那声音又好像很近，就在耳边，伏在我的肩头。

我仔细倾听着，听见这样的诗句：

在山的那边，
有一座花园，
那是我的家，
我常常思念。

这诗听起来怎么那么耳熟？我忽然想起来，这就是我印在诗集里的一首短诗。再仔细听听，声音就是从那本诗集里传出来的。

我急忙翻开诗集，那只大蝴蝶竟然没有死！

它从书页上站起来，扇动着依然鲜艳的翅膀，继续朗诵着：

我思念那里的小草，
我思念那里的小鸟，
还有一朵朵郁金香，
那是我温暖的小巢。

我简直惊呆了。我屏住呼吸，生怕呼出的气息惊飞了这只复活了的大蝴蝶。

大蝴蝶不但没飞走，反而在那书页上走了一个圆场，然后停下来，向我深深地鞠了一躬。

我情不自禁地向它鼓掌，连连叫好。大蝴蝶用一种很柔美的语调对我说：“我要感谢您，感谢您让我读了一年诗。啊，多么美的诗啊！”

它这么一夸赞，倒让我很不好意思了。

三

现在，既然大蝴蝶并没有死去，又把我的诗朗诵得那么有感情，那么动听，我就要考虑该怎样重新安排它的生活了。我说：

“蝴蝶，噢，现在应当称你为蝴蝶诗人，你能不能长期住在我这儿呀？我的花园里有花、有草、有露水。我要让你生活得舒舒服服，自由自在。”

蝴蝶扇动了一下翅膀，用诗一样的语言告诉我：

“你的家再大，对我来说，也很窄小。我要飞过山，飞过海，去各地走走，去各地看看。”

我一听它不肯留下，就急切地说：“我希望你留下，真诚地希望你留下，我每天都会有新诗献给你啊！”

“我要感谢你的好意。但是，我不能只读你的诗，我也要写诗了。”

“你也可以在我家写诗呀！”我几乎是在恳求它了，“你可以住在我家的阳台上，这里有绿肥萝，有月季，还有和你一样美丽的蝴蝶兰。”

“不，不，我不能关在阳台上写诗。我要飞，飞得远远的。我要把我写的诗，朗诵给大山听，给小树听，给花朵听，也朗诵给蝴蝶听，它们也会成为诗人的。”

我望着蝴蝶的翅膀，那上面显现着春天的山野，阳光很明亮，花朵很鲜丽。

我推开阳台的纱窗，让它飞走了。

它在我家的窗前来来回回飞了几趟，像是和我告别。

它飞了很远很远，我还听到它在朗诵：

我思念远方的小草，
我思念远方的小鸟，
还有一朵朵郁金香，
那是我温暖的小巢。

忽然，我看见从四面八方飞来许许多多色彩斑斓的大蝴蝶，它们跟着蝴蝶诗人在飞。渐渐地，它们在蓝天上聚成一朵彩色的云，向远方飘去。

书本里的蜜

据说犹太人有一种风俗，当一个小孩子懂事以后，母亲就翻开一本《圣经》，在书页上滴一滴蜜，然后让孩子轻轻地吮吸它。我们可以想见到，那种礼仪是多么肃穆、多么神圣。它不同于平时让孩子吃一粒糖果，或吃一块蛋糕，那是滴在书本里的一滴蜜啊，每一个浸着蜜的文字，都会久久地留在记忆里。书本是美好的，亲切的，神圣的。

在我们童年的记忆里，亲近书，有多种形式和机缘。但最重要的是从心底对书产生一种珍惜的情感，养成读书的好习惯，珍惜你读了第一本好书以后的那种感觉：你好像走进了另一个神奇的世界，那个世界是用文字构建的，它们不断地组合在一起，不断地向你讲述有趣的故事、动听的诗歌和你不知道的知识。

可是，我忽然又想起这样一件事：有人做过调查，我国有读书习惯的人，只占全人口的 5%。

看到这个数字，我就想问问你：你属于那 5% 以内呢，还是 5% 以外呢？

我想，对于一个未成年来说，尤其是识字不多的小学生来说，首先要确立一种观念：读书对于任何人来说，都是十分重要的。

现在，尽管传媒的形式多种多样，电视呀，电影呀，动画呀，动漫呀，都不能代替文字的阅读。文字虽然无声、无色、无象，但是，当你读书的时

候，那些文字就在你的想象中变得有了形象，有了声音，有了颜色：文字可以在你的头脑里幻化出人物的音容笑貌，世界的山川湖海。你可以和古人交谈，和今人对话，走近你崇敬的英雄，憎恨那奸诈的恶人。

书同样地让你成长，就像粮食、鱼肉、菜蔬，让你的肌体健康地发育。书，让你的精神在成长，给你智慧，激发想象，让你学会思考，让你变成一个有教养的人，变成一个感情丰富的人，变成一个有思想的人。

优秀的图书，每一个字都像被蜜浸泡过的，用你的眼睛去亲吻每一个字，得到的是心灵上的营养。

阅读提示

【紫雨老师的话】

一个人来到这个世界，定然就给这个世界增添了色彩。至于是一抹怎样的色彩，那就得看这生命是用什么样的方式在生长。也许你只是一棵小草，那就是一缕绿色；也许你只是一朵云，那就可以是一片白色；也许你只是一朵小花，那就是你自己绽放的颜色……这些色彩就是你的创作——属于你的表达。我们常常觉得创作只是作家的才能，其实我们每个人都可以用不同的方式进行自己的创作。

而要想获取文字创作的能量，那就必然需要到文字中去汲取。只有阅读，我们才能品尝到《书本里的蜜》：“每一个字都像被蜜浸泡过的，用你的眼睛去亲吻每一个字，得到的是心灵上的营养。”就连一只被夹在书本里的蝴蝶，也会因为书卷的气息而成为诗人。金波爷爷说：“童话有各种各样的：有的情节曲折，热热闹闹，拿起来就放不下；有的容易打动读者的感情，悲悲喜喜，读完了就存在心里放不下；还有的机智幽默，发人深省。我喜欢写诗，喜欢写第二种童话，有时候还在童话里借主人公之口朗诵几句诗。我这篇《蝴蝶诗人》就是从现实生活中取材，加上幻想写成的。写着写着，我觉得自己就是那只蝴蝶了。能在一本诗集中度过一个冬天，获得新的生命，这是莫大的幸福啊！我目送着‘蝴蝶诗人’飞走了，我在想：它一定还会有新的故事发生。”是啊，原本一个极其简单的蝴蝶标本，却引发了爷爷如此丰富的想象，将自己对于阅读和创作的感悟化为这样一个优美的童话。

雨

第9堂课

9

Lesson 9

雨　人

一　檐下独自看雨

这一年，春天来得特别早。早早地落下了第一场春雨。

我坐在檐下，独自看雨。

透过檐溜，我看见雨中的天地，白花花一片。我看不清这雨是像一颗颗珠子滑落下来，还是像一条条银丝飘飞下来。

能坐在檐下独自看雨，这是难以名状的幸福。

这幸福只能意会，不能言传。

雨景是看不够的，而且伴随着淅淅沥沥的声音，平添了许多情趣。

以前，我曾发现，当雨从高远的天空飞落下来的时候，就在它碰撞大地的一刹那，那雨滴绽开了一朵朵小小的银亮的雨花。

雨花的生命是短暂的。比昙花还短暂。甚至来不及看清楚，它们就匆匆凋谢了。

然而，今天我坐在檐下，独自看雨，我却发现了另一种不同寻常的奇妙的景象：

当无数的雨点儿落在大地上的时候，它不再闪现银亮的雨花，而是一落地就变成了数也数不清的雨人。

真的，小小的、亮晶晶的雨人！

我被这奇妙的景象惊呆了。我坐在那儿一动不动，目不转睛。

我看见无数的雨人高举起手臂，欢迎天上有更多的雨点儿落下来，也变成雨人。

你好啊，雨人！

二　雨人的合唱

雨人是带着歌声来到这个世界的。我听见了他们的歌声：

> 不知道走过多少路程
> 落地就获得了新生命

他们挽起了手臂载歌载舞。不断地还有新的雨人加入了他们的合唱。那歌声变得更加和谐、嘹亮：

> 我们是水的精灵
> 心像水一样透明

我看见雨中的那片空地早已变成了雨人狂欢的广场。它们的歌声盖过了雨声。我几乎忘记了自己是坐在檐下独自看雨。我早已沉浸在雨人欢乐的歌声中了：

还要走过很多的路程
去浇灌更多新的生命
拥抱花草树木和幼苗
给世界一个绿色的梦

我已经很久没听到这样的歌声了。这歌声只有雨人才能唱得出。他们的生命是亮晶晶的，歌声也是亮晶晶的。

我情不自禁地走进雨里，来到雨人中间。他们一点也不惧怕我。

我蹲下来，双手捧起一个雨人，我问他：

“你叫什么名字？”

“我叫雨人。”他回答。

我又捧起几个雨人，问他们的名字。

他们一齐回答：“我们叫雨人！”

我知道了，他们只有一个共同的名字。

我和他们一起载歌载舞。

三　绿色的梦

我跟着许多雨人走去。

我问：“你们到哪儿去？”

他们回答：“我们去花坛。”

花坛里种着玫瑰、鸢尾兰、郁金香……那些花正含苞欲放。雨人一来，它们就开放了，深红色的、淡紫色的，还有雪白的花。

还有许多雨人跳到草坪上，先是落在尖细的草叶上，然后像滑滑梯似的滑进了草坪。草坪更绿了。

还有许多雨人攀上一棵棵小树，先是挂在嫩嫩的树枝上荡来荡去，像是荡秋千；有的躲在一片绿叶下面，像躲在一张绿色的小帐篷里捉迷藏。然后就从树上顺着树干滑下来，钻进树根，不见了。

他们真的去浇灌了许多绿色的生命。雨人带给这世界一个绿色的梦。

啊，快乐的雨人！当许许多多雨人汇合在一起，这世界变得生机勃勃。

我希望自己也能变成一个雨人。

我张开双臂迎向天空。

四　我也变成了雨人

我真的变成了一个雨人！

我虽然消失了自己的名字，也变矮了许多，但是，我觉得自己从没有这样轻松、美丽。我像一个玻璃人，通体亮晶晶的。

雨还在下着。又有许多雨点儿落在地上，变成了亮晶晶的雨人。

如今我也是一个雨人了。我忘记了原来的自己。我和许许多多的雨人聚合在一起。我引领着数不清的雨人，像引领着一条快快乐乐的小溪。

我大声说：“走啊，跟我走，好吗？”

雨人们大声问：“到哪儿去呀？”

我大声说：“我带你们去一个新奇的地方！”

于是，我带着他们走向一条河。这是一条奇怪的河，它凝固在那儿，从不流动。哪怕有微风吹过，也荡不起涟漪。

水中没有鱼。连小蝌蚪也没有。

人们喝了这里的水，会变得很悲伤。

更奇怪的是，人们常常听见河水的呜咽，随后，水就涨了上来。

远远近近都知道这里有一条奇怪的河。不知是谁，给它取了一个名字，叫泪河。

我和雨人走向那条泪河，跳进去，和它融汇在一起。

泪河不再凝固，它开始流动。我看见河面上荡起一层层银亮亮的涟漪，细细地望去，就像粲然的笑。

人们都知道，是雨人给这里带来了一条新的河。

五　尾声

没过多久，这河里有了鱼，有了虾，也有了小蝌蚪。

鹅呀、鸭呀，也常常来这里戏水，整天唱着歌。

无论谁喝了这河里的水，都不再悲伤，都会像雨人那样快乐。

这一天，我告别雨人。我们用歌声话别：

我们是水的精灵
心像水一样透明
给生活送去快乐
把这世界洗干净

至今，我仍常坐檐下，独自看雨。
有许多人叫我雨人。我微笑，点点头。

雨点儿

数不清的雨点儿，从云彩里飘落下来。

半空中，大雨点儿问小雨点儿：“你要到哪里去？”

小雨点儿回答：“我要去有花有草的地方。你呢？”

大雨点儿说：“我要去没有花没有草的地方。”

不久，有花有草的地方，花更红了，草更绿了。没有花没有草的地方，长出了红的花，绿的草。

阅读提示 【紫雨老师的话】

这是下雨的声音，这是雨的音乐，这是梦的前奏……

雨，是大自然对于万物的一种馈赠！她不仅晶莹剔透，欢欣活泼，更有无尽的缠绵与浪漫，令人产生无尽的遐想，进入诗一样美妙的境界。

相信喜欢雨的人很多，但看着看着就看到雨人的并不多，而看着看着就将自己看成雨人的就更是微乎其微了。喜欢雨，喜欢看雨，喜欢把自己看成雨，还将雨写成如此美丽的《雨人》童话的也就只有金波爷爷一位啦！

爱雨的人，独自在檐下从纷繁的雨滴中发现了小小的、亮晶晶的雨人！

那迷人的雨人同化了看雨的人，于是看雨的人融入了雨人和谐、嘹亮的合唱里，和他们一起给这世界一个绿色的梦，一起让泪河不再凝固，让流动的河面上荡起一层层银亮亮的涟漪，泛起粲然的笑，让它变成一条新的河。和雨人一起将这世界洗得干净而纯洁。

雨，因为来自云端，就不再是一滴普通的水；雨，因为在空中飘荡，就不再是一枚简单的颗粒；雨，因为滋润万物，就不再只是它自己。

小小的雨点，更有自己的选择，他们选择不同的地方，以自己的方式改变着那个地方：只要有了雨点儿，“不久，有花有草的地方，花更红了，草更绿了。没有花没有草的地方，长出了红的花，绿的草。”亲爱的小朋友，如果你是一滴小小的雨，你会选择去一个怎样的地方？

尊重

第10堂课

10

Lesson 10

蜗　人

一　我第一次发了脾气

每天放学回家，我除了完成老师布置的家庭作业以外，爸爸妈妈还为我安排了——赵老师的钢琴课，钱老师的绘画课，孙老师的书法课，李老师的舞蹈课……

今天我向同学借了一本童话书。回到家里，我说："听有关专家介绍，从小多读文学名著能提高智商。"说着，我从书包里拿出了那本童话书。

没想到，爸爸一把夺了过去："完成了所有的课程才能看这些'闲书'！"

那天，我很专心地完成了钢琴课、绘画课、书法、舞蹈课。我走到爸爸跟前，伸出一只手："给。"

爸爸一时没弄明白："给什么？"

"'闲书'呀！"

"升学考试考童话吗？不许看。早睡早起，明天去上学。"

我看看妈妈，妈妈好像和爸爸达成了某种协议，随声附和说："早睡早起。"

"说话不算话，欺骗！"

我第一次发了脾气，然后就去睡觉了。

二　从一本书里我认识了一只蜗牛

然而那天晚上，我发现一本“闲书”就放在我床头的椅子上。

我想起来了，这是爸爸的一个朋友遗落在我家的。

现在，我倒很想随便读点什么，哪怕是最没意思的书。说心里话，我这是存心对爸爸表示抗议。

我拿起书，书名是《冷冰冰的微笑》。真逗。

我随便翻开一页，读到了这样几句话：

> 蜗牛缩起他那长颈鹿似的脖子，激动得像个圆鼓鼓的大鼻头。一到晴天，他常常漫步，不过他只会用舌头走路。

真有趣，不过，我对蜗牛“只会用舌头走路表示怀疑”。

就在这时，我听见窗外有谁在说话。

“你怀疑得对。我怎么可能用舌头走路呢？”

我跳下床，推开窗子，我看见一只玫瑰色的蜗牛趴在窗台上。它正缓缓地向我的屋里爬。我把蜗牛拿到手心里，问它：

“既然不对，写书的人为什么还要那样写呢？”

蜗牛说话很慢：

“这是作家的想象。美丽的想象能变成真的。你没听说过‘梦想成真’这句话吗？”

我当然听说过。我在送给同学的新年贺卡上就常常喜欢写上这句话。

我觉得蜗牛很有学问。我简直很敬佩它了。我真想听它发表高见。

三　蜗牛给我朗诵了一首诗

蜗牛见我等着它发表高见，就很有兴致地继续说："我还知道一位著名诗人写过我，你想听听吗？"

我很诚恳地点点头。

蜗牛用它那深厚的男低音开始朗诵：

> 爱读书的蜗牛，
> 爬上了一堵古墙，
> 以为找到了一本好书，
> 他要一字一字地读，
> 所以，一天一夜
> 才读了一行诗。

"啊，真棒！"我被感动得叫起来。

即使一天一夜才读了一行诗，那毕竟是诗啊！可我，连读童话的权利都被剥夺了。

蜗牛见我这么喜欢这首诗，很高兴地说：

"我真的是一只爱读书的蜗牛，诗歌呀，童话呀，小说呀，散文呀，想读什么就读什么。"

"你有那么多书吗？"

"我有自己的藏书。我躲在壳里的时候就读书。"

“真的吗？”

“我不骗你。不信你进来看看。”

四　变小变小变小

可是，我怎么能变得那么小，足以钻进蜗牛壳里呢？

蜗牛说：“你忘了‘梦想成真’那句话吗？美丽的想象是可以实现的。”

于是我闭上眼睛，在心里默默地说：

“变小变小变小……”

当我睁开眼睛的时候，哇，我看见蜗牛就站在我跟前！我现在变得和蜗牛一样大了。这次我看清楚了，它的确像人“圆鼓鼓的大鼻头”。

蜗牛见我已经变小，就走出了它那玫瑰色的蜗壳：

“现在请你到我的家里去做客吧！”

“那你怎么办呢？”我不放心地问。

“我有办法。我也要变，变成一头大水牛。”

这时候，只见蜗牛像我一样默默地说：“变大变大变大……”

哇，我看见了一头大水牛站在了我面前，简直像一座山。

蜗牛，不，现在应当叫它大水牛，用它更深厚的男低音说：

“我要用脚走路，到那边水田里去看看。请你到我的蜗居里去读有趣的书吧！”

我目送大水牛向水田那边走去。然后我钻进了那漂亮的蜗牛壳。

啊，多么精致的房子啊！玫瑰色的墙壁上挂满了名画，一排大书橱立在那里，里面装满了五颜六色的书。

我简直看花了眼，不知该看哪一本。

我看见一本装帧精美的大画册。我想它一定很有趣。

我刚把它翻开，只听伴随着音乐声，传来一个孩子的歌唱：

水牛儿，水牛儿，
先出犄角后出头，
你爹，你妈，
给你买的烧羊肉。

我好像听见了自己的声音，真的，那是我三岁时学会的第一首关于蜗牛的儿歌。

没想到，在蜗牛小小的家里，从它美丽的画册里，我找到了我丢失的歌声。

不用说，你也会猜得到，从那以后，我每天都变得很小很小，去到蜗牛那小小的家里读有趣的书。

我很感谢小小的蜗牛。它说："不必客气。"

它还说："我能变成一头大水牛，到水田那边走走看看，也很快乐。"

白丁香　紫丁香

奶奶种了一棵白丁香，爷爷种了一棵紫丁香。

年年春天，白丁香开白花，紫丁香开紫花。

白丁香，紫丁香，谁更香呢?

这时候，飞来了两只小鸟，一只长着洁白的羽毛，一只长着紫红的羽毛。白鸟落在白丁香树上，紫鸟落在紫丁香树上。

白鸟说:“还是我这棵白丁香树香啊！”

紫鸟说:“还是我这棵紫丁香树香啊！”

就在这时候，爷爷和奶奶互相搀扶着走来了。

爷爷闻了闻白丁香花儿，说:

“还是你种的白丁香树香啊！”

奶奶闻了闻紫丁香花儿，说:

“还是你种的紫丁香树香啊！”

他们互相夸奖着。白鸟和紫鸟听了很奇怪:他们怎么老是夸别人，不夸自己啊!

这时候，老爷爷看见白丁香树上落着一只白鸟，就对老奶奶说:

“你看，你的白丁香树上落着一只白鸟，你的树更美啦！”

这时候，老奶奶看见紫丁香树上落着一只紫鸟，就对老爷爷说:

“你看，你的紫丁香树上落着一只紫鸟，你的树更美啦！”

这回白鸟和紫鸟不再感到奇怪了。

白鸟说："真的，紫鸟落在紫丁香树上，很美！"

紫鸟说："真的，白鸟落在白丁香树上，很美！"

从那一天开始，每逢白鸟和紫鸟落在丁香树上，就一起唱着一首歌：

白的丁香奶奶种，
紫的丁香爷爷种，
丁香花儿一起开，
一样香，一样美，
奶奶爱爷爷，
爷爷爱奶奶！

爷爷奶奶听了，笑得合不上嘴了。

用目光倾听

妈妈说过一句最平常的话：
听别人说话，你要望着对方。
这句话一直伴随着我长大，
让我学会了如何与别人交往。

听别人说话是一种交流，
交流最需要的是真诚。
当我和别人交谈的时候，
我用耳朵，也用目光倾听。

都说眼睛是心灵的窗子，
我的“窗子”永远明亮灿烂。
真诚的目光胜似千言万语，
目光传送的是温暖的春天。

妈妈一句话教会我生活，
她真诚的目光至今仍照耀着我。

阅读提示 【紫雨老师的话】

相信你读《蜗人》的时候，读着读着就会觉得：这样的情景好熟悉啊！是啊！有些大人常常要求我们遵守这样的、那样的规则，要求我们尊重长辈，尊重老师，他们却时不时地不遵守规则，甚至是违背他们自己制定的规则，他们更不会去好好地尊重一个孩子的选择。但是，孩子自有孩子的方法，我们暂时无法“大”，那就“小”吧——小到可以进入蜗牛的壳里，在那里可以做自己喜欢的事情：读自己爱读的“闲书”。

如果学会了互相尊重那就会进入和谐而美妙的生活。你看白鸟和紫鸟在开始只知道自我欣赏，而跟着种下白丁香和紫丁香的爷爷和奶奶学了之后，它们也懂得了互相欣赏——尊重了别人，自己也就会得到尊重。

尊重，可以纯洁得就像对鸟鸣的倾听，并不需要太多关注的追寻，更不会是对彩色羽毛的占有。因为，鸟儿只有在真正自然而安全的地带，才会轻松地舒展自己的歌喉——那才是让人陶醉的音符。如果贪婪地侵占，破坏的不只是鸟儿的生活，你自己也将无法再得到那天籁之音的享受。

爱，有时恰恰会成为伤害的原因和理由，而真正的尊重却不会！亲爱的孩子，如果你渴望得到别人的尊重，那么，就学会尊重别人吧！只需要一句承诺的兑现，一句真诚的赞美；只需要一份关注的目光，一份无声的陪伴；只需要对花儿只观赏不采摘，对鸟儿只倾听不捕捉……尊重自然界所有的生命。

温暖

第11堂课

11

Lesson 11

白栅栏

主人很喜欢白颜色。当夏季满眼都是绿色的时候，他在门外围起一道白栅栏。

那些绿色的攀缘植物，牵牛花呀，茑萝呀，还有常春藤、凌霄花，爬满了白栅栏。

白栅栏被花和叶遮住了。

人们每逢来主人家作客，看到这里爬满绿蔓红花，就会禁不住赞叹："多么漂亮啊！"

白栅栏也很高兴，因为每天都有绿叶和花朵陪伴着它。有时候还会引来蜜蜂和蝴蝶，和它谈天，给它唱歌。

有一天，还飞来一只麻雀。它很爱说话：

"你好呀，白栅栏！我可以站在你的肩上休息一会儿吗？"

白栅栏很高兴来了一位新朋友："当然可以啦！我能和绿蔓、红花，还有小鸟在一起，总是感到很幸福的。"说着，它挺了挺身子，站得更直了。

日子就这样一天天过去了。它听到了许多新鲜有趣的故事和歌谣。这个春天和夏天是难忘的。

秋天很快就来了。树上的叶子变黄了。白栅栏上的绿蔓也枯了。

阵阵秋风吹来，枯黄的叶子飒飒地响着，不久就落光了。

现在只剩下光秃秃的白栅栏了。白栅栏已经失去了往日的风采，不但不那么洁白，甚至是斑斑驳驳，伤痕累累的样子。

转眼间，冬天又来了。

今年的雪，下得又早又大，头一场雪就把白栅栏盖得严严实实。哪怕是那些枯枝败叶，也都看不见了。

人们早已忘记了这里曾有过白栅栏，都以为那是一堵雪墙。就连白栅栏自己都忘了自己。它只记得身边的那些绿蔓和花朵，还有爱说话的麻雀。

“哎呀，今年怎么这么冷啊！”飞来的正是那只小麻雀。“真是饥寒交迫呀！”它站在栅栏上，不停地边跳边说。

小麻雀见白栅栏不说话，又接着说下去：“你多好，不吃不喝，也不觉得饿，不觉得渴。”

“你觉得我就没有伤心事了吗？”白栅栏开始说话了。

小麻雀用翅膀扫一扫栅栏上的积雪，好像这样可以使它好受些。它专心地想听它说下去。

“我真的很伤心。”白栅栏很平静地说。

小麻雀仍等待着它说下去，但是，它沉默了，一句话也不再说。

就这样，小麻雀每天都飞来，落在栅栏上，它们彼此交谈的虽然不多，但只要在一起，心里就觉得很踏实。

而且，每当下过一场雪，小麻雀总会飞来，用它那不大的翅膀给它拂去积雪。

每当这时候，白栅栏就会说："不必了，反正春天来了，雪就会化的。"

但是，小麻雀仍不停地拂着雪，还在喃喃地说："我就是要让大家别忘了，这里还站着白栅栏！"

那个冬天，虽然下了五六场大雪，但每次都是小麻雀替它把雪扫干净。

那个冬天，白栅栏的心里觉得很温暖，好像有一条小溪流过了它的全身。

春天又来临了。雪融化了，草发芽了。

小麻雀又飞来了。它落在白栅栏上，又蹦蹦跳跳地唱起了歌。唱着唱着，它忽然惊呼起来："啊，白栅栏，你也发芽了！"

白栅栏几乎不相信这是真的。小麻雀用它尖尖的喙轻轻地啄了几下，它感觉到了痒酥酥的。

小麻雀看见，从白栅栏绽出的嫩芽里，渗出了一滴滴亮晶晶的水珠。

那一年春天，这里又多了一排小树。

小麻雀天天飞到这排小树上，它们有说不完的话。它们常常在一起回忆着白栅栏冬天的日子。

树上的鞋

又翻石头又掘土，我一共捉了三只蟋蟀。我很累，就躺在一棵老槐树下休息。我脱了鞋，让脚丫子也轻松轻松。

在叽叽喳喳的鸟声中，我睡着了。

我梦见我的蟋蟀很厉害，斗败了伙伴们所有的蟋蟀。忽然，来了一只大公鸡，要吃我的蟋蟀，我一惊，被吓醒了。

我听见小鸟尖细的叫声。在哪儿叫？我拿起鞋，刚要穿，忽然发现鞋子里藏着一只羽毛未丰的小雏鸟。

这时候，我又发现，头顶的树梢上，也有一只鸟在叫。

现在，我明白了，这只雏鸟是从树上的鸟窝里掉下来的，由于害怕，它钻进了我的鞋子里。树上的那只鸟，一定是它的妈妈，它不知道该怎样救自己的孩子，而着急地叫着。

我把带来的饼干分给雏鸟吃，它摇摇头，不肯吃，只是仰起头来，望着树上的鸟妈妈在叫。

我托起雏鸟，高举手臂，想把它送给鸟妈妈：

“来呀，来呀，来接你的鸟儿子！”我向树上喊着。

虽然雏鸟扑扇着翅膀想飞，但它还不会飞呀，鸟妈妈着急地叫着，但它不敢飞近我呀！

我怎样才能让它相信我，我是绝不会伤害它的呀！

我一只手托着小鸟，一只手攀着树往上爬。我真想把雏鸟送到鸟窝里。但是，那鸟窝在高高的树梢上，无论如何，我是爬不了那么高的。

我刚爬到大树的枝间，鸟妈妈就吓得飞了。它停在不远的一棵树上，一声声叫着，很害怕又很悲伤。

我手里的雏鸟有些发蔫。它已经有一个多小时没吃东西了，再加上从树上摔下来，又饿又怕，真有生命危险了。

我从树上下来，坐在树下想办法。

我把雏鸟放到草地上，它扑扑棱棱地躲在我的脚旁，依偎着我的鞋。

它是把我的鞋当成它的家了吧？我把鞋脱下来，它立刻就钻了进去，叫声也安详多了。

我想到一个好办法，如果我把这只装着雏鸟的鞋子，放在大树的枝上，鸟妈妈会不会来救它的孩子呢？

于是，我把鞋子放在大树最安全的枝丫上。

我站在树下，观察着鸟儿的动静。

鸟妈妈飞来了，落在临近的一棵树上，向着鞋子里的雏鸟儿叫着；鞋子里的雏鸟也探出头来叫着。

鸟妈妈见我走了，就落在鞋子旁边，一边叫，一边亲吻着它的雏鸟。鸟妈妈想衔起鞋子和鸟儿，飞回树梢上的窝里，但它衔不起来；想把雏鸟叼起来，也叼不动。

停了一会儿，鸟妈妈飞走了。不大的工夫，又飞回来了，嘴里叼着食物，喂它的儿子，鸟儿子张开大嘴，贪婪地吃着。喂饱了小鸟，鸟妈妈也钻进了鞋子，它们依偎在一起，呢呢喃喃地叫着。

我放心了。只是我的鞋子就要高高地放在树上了。

夏天过去了，我挂念着我那只鞋子和鞋子里的小鸟。我爬上树，那只鞋仍安放在枝丫上。鸟儿已飞走了。鞋子里铺着松软的干草，草上有一根彩色的羽毛。

我珍藏着这根羽毛，连同一只雏鸟的故事。

让太阳长上翅膀

真想让太阳长一对翅膀
天上就多了一只太阳鸟
让它在蓝天里自由飞翔
一边飞，一边自由鸣叫

它们的歌声是这样温暖
给人们心头带来了光明
孩子们看见了笑得更甜
盲人听见了也睁开眼睛

天上飞翔着光明的使者
飞临千万年的冰山雪谷
沙漠里流来了明亮的小河
高山上荡漾着潋滟的小湖

长翅膀的太阳是我们的心
好把光和热送给所有的人

阅读提示 【紫雨老师的话】

有一种陪伴叫温暖，有一种奉献叫温暖，有一种帮助叫温暖，有一种追随叫温暖，有一种歌声叫温暖，有一种身影叫温暖……温暖的感觉好是特别，它不只属于光，也不只属于火，而属于心！它会化身为万种形态，直抵你心灵的深处！

只记着别人的好，只忆着他人的美，那是一种怎样的忘记！那个几乎自己都忘记了自己的冬天里，白栅栏幸福地等来了小麻雀，小麻雀用自己的方式陪伴着白栅栏：“我就是要让大家别忘了，这里还站着白栅栏！”它拂开那一场场的积雪，温暖着冬天的白栅栏，温暖出一个属于白栅栏自己的春天——白栅栏自己也发芽了！ 这样的陪伴，让寒冷的冬天也变得温暖！

一只不幸离开鸟巢的雏鸟，一个意外离开妈妈的孩子，得到了一只温暖的鞋，于是就度过了所有的危险。都因为那温暖的鞋有一个有爱心的主人，他有一颗足以温暖他人的心，那是所有可爱生命的家！

太阳是温暖的，阳光是温暖的，如果太阳长上了翅膀，那么就没有她到不了的角落，她就可以将温暖带给每一个需要她的生命。这是金波爷爷的心愿，也是所有善良人的心愿；这是需求者的心愿，也是给予者的心愿；“沙漠里流来了明亮的小河，高山上荡漾着潋滟的小湖”这是长上翅膀的太阳所描绘的美景。

也许你认为太阳怎么会长上翅膀！其实“太阳”真的可以长上翅膀！你所读的这一组童话里的每一份温暖都是长着翅膀的太阳！也希望这一组文章成为你这颗小太阳的翅膀！

第12堂课 毅力

12

Lesson 12

战胜自己是一种快乐

今年夏天，我终于学会了游泳。

以往我走在湖岸上的时候，总担心会跌进水里。我很怕水，因为我还不会游泳。

我想象那水底的世界一定像漆黑的夜晚，那浪花像尖利的牙齿，也许还有“水怪”呢？一想到这里，我就害怕水。

今年夏天，老师带我们去学游泳。我慢慢走进湖里，水很凉，浪花拍打着我，我的双腿失去了迈步的力量。当我伏在水面时，我很快就沉入水中。我挣扎着跃出水面。难道我会向湖水屈服吗？

我看到的是老师鼓励的目光，同学亲切的微笑。我变得沉稳、变得镇静。我在同学的呐喊助威声中开始学习划水。我感到身边的浪花簇拥着我。水张开温柔的手，把我轻轻托起。

慢慢地，我在水中能自由自在地游动。大家为我鼓掌。我高兴地想，说不定我能变成人鱼呢！

我不再害怕水，水中也是一个自由自在的世界。

战胜自己是一种快乐。

我有一个小本本

上小学的时候，我刚刚认识了一些字，就开始翻看爸爸的书和他的一个绿色的硬皮笔记本。

爸爸的那个笔记本里，有他上中学时写的诗歌和散文。它给了我很大启发，我觉得我应当像爸爸那样准备一个本子，写下自己的“作品”。

我最初的小本本里，抄的都是作家的名句和我喜欢的形容词。后来听说，好多作家的小本本里，记下的都是自己的所见、所闻、所感、所想，这些都有可能成为创作的素材。

我也想照着做。但是，每当我翻开自己的小本本，拿起笔来时，脑子里却是一片空白。因为平时不留心，写的时候自然不知道该写些什么。

一个偶然的机会，我读到了《契诃夫手记》。契诃夫是俄国伟大的作家，他的“手记”可以说是他的“文学创作备忘录”。那里面记的真是五花八门，有的很有趣，给我的印象很深。例如“他的胡须像鱼尾巴”“32 岁的教师有了白胡子”“一张醉脸火一般燃烧着”。我猜想，这是作家所见所闻的记录，让人读了如见其人。有的只是短短的两个字：“春汛”，真是“比麻雀鼻子还短的东西”。很多年以后，读了契诃夫的一些小说，才知道作家是用记忆和想象，丰富和发展了这些只言片语，写出了文学作品。

我的小本本渐渐比以前充实了，不再抄别人的句子，也常常有自己的发

现。我写下过这样的句子："下雨天，房檐上挂着雨铃铛""春天给我们带来了什么？""大海，天连水，水连天"等等。

由于那时候我还很小，不可能借助于小本本里的记录就能写出什么"作品"，但是，它的确可以让我在上作文课时"有话可说"。

记得有一次作文课，老师出的题目是"春天"。我想起了我小本本里的那句话"春天给我们带来了什么"，我就沿着这个思路写下去，写出了春天给我们大家带来的各种快乐。这篇作文受到了老师的夸奖。

小本本里记的那些话，直到几十年后，我真的开始了文学创作时，仍在发挥着作用。比如关于"雨铃铛"的那句话，后来就发展成了一首短诗《雨铃铛》：

沙沙响，沙沙响，/春雨洒在房檐上，/房檐上，挂水珠，/好像一串一串小铃铛！/丁零当啷，/丁零当啷，/它在招呼小燕子，/快快回来盖新房！

小时候养成的这个习惯，直到今天我仍保持着，我现在还常常喜欢在小本本上记下一两句话。它们有的发展成了一首诗，有的发展成了一篇童话。

有一次，我看见一只蝴蝶落在花丛里，我仔细观察了它的翅膀，后来写下了这样一句话："我在蝴蝶的翅膀上，发现了春天的眼睛。"还有一次，我在一个下雨天，写了这样的几句话："雨天的树叶，被雨水淋得翠绿，好像一顶绿色的帐篷，里边躲着一只七星瓢虫。"后来，前者发展成一首诗，后者变成一篇童话的一个细节。

现在回想起来，小时候就已拥有的那个小本本，真像一个百宝箱。它体现着我对世界的观察，对生活的思考。它培养了我的观察力，帮助我养成了勤于思考、勤于动笔的好习惯。

愿你也有一个小本本，记录下你的见闻和思考。

阅读提示

【紫雨老师的话】

也许，你眼中特别柔弱的事物恰恰拥有坚强的毅力！

生命中有无数的美好，也将经历无数的艰辛。生活中的挫折需要坚强的毅力去面对，并非做惊天动地的大事才需要毅力，日常中的一些小事情同样需要毅力去完成。再如游泳这样的运动，一个怕水的人怎么能学会游泳？一个不能战胜自己的人又何以去挑战别人？这样的事情同样需要毅力，因为《战胜自己是一种快乐》。有时，毅力又是一种日积月累的细碎。契诃夫用记忆和想象，丰富和发展了日常所记下的只言片语，写出了文学作品——这是金波爷爷读契诃夫笔记所得到的启发。而他则告诉你成为一名诗人、一个儿童文学家的全部秘密，就在于《我有一个小本本》，那小本本上的素材成就了他的创作，是否也能给读金波爷爷的你带来启迪：每天都记录下你的见闻和思考——有了这样的毅力，何愁成不了金波，何愁成不了契诃夫！

毅力是实现目标的一种可贵的品质！

感恩

第13堂课

13

Lesson 13

神奇的小银蛇

王哈哈最喜欢小动物，猫啊狗啊，都是他的好朋友。

王哈哈是属蛇的，有人就问他："你敢养蛇吗？"不问不要紧，谁知这么一问，他立刻从口袋里掏出了一条小蛇。吓得那帮人呼啦啦都散开了。

人们站得远远地看着他手中的小蛇，只见它在王哈哈的手指间穿来穿去，最后躺在手心里不动了。

人们慢慢围上来，这才看清楚，这条小蛇不到半尺长，浑身闪着银光。大家问王哈哈怕不怕，王哈哈说："怕什么？是我从山林里的雪地上把它救回来的，当时它都冻僵了，是不？"说着，他问小银蛇。

谁也没想到，小银蛇还会说话："没错儿，你是我的大恩人，我是你的好朋友。"

大家一听蛇会说人话，也就不害怕了。有的人还敢上前摸摸小蛇。

正在这时候，从远处走来一位老爷爷，腿脚不大利落，眼神儿也不怎么好，走起路来，一脚深，一脚浅的，还边走边哼哼，看来他是病了。

王哈哈一看，就跟小银蛇说："去帮帮忙吧！"

话音刚落，只见他手中的小银蛇，突然变成了一根手杖。王哈哈给老爷爷送过去，让他拄着手杖，把他送回家里。

从此以后，小银蛇不单是王哈哈的好朋友，也是他所有同学的好朋友了。

这一天，王哈哈放学回家，同学们又来看小银蛇，刚跨进院里，只见小银蛇盘成一个圆圈儿，中间卧着王哈哈家的老母鸡。一只黄鼠狼围着圆圈转来转去，就是不敢去叼鸡。

黄鼠狼见有人回家了，吓得掉头就跑了。这时候，王哈哈拾起小银蛇，说了一声“变”，它就又变小了。王哈哈把它放进口袋里。

老母鸡“咕咕嗒、咕咕嗒”地叫起来，还下了一个蛋。

春天来了，王哈哈和几个好朋友去旅行。他们走进深山老林，忽然迷了路，怎么也走不出那一片茂密的山林。方圆几十里也没个人家，这可怎么办？大伙儿急得直想哭。

这时候，小银蛇从王哈哈的口袋里爬了出来，跟他说：“别着急，让我爬到树尖上看看去。”

说着，它就哧溜哧溜地爬到树尖上了。小银蛇向四面八方打探一番，又爬下来说：“远处来了一队人马，向他们呼救吧！”可是，大伙儿把嗓子喊哑了，也不见有回应。怎么办？

忽然，小银蛇跟王哈哈说：“把你的这件红背心借我用一用。”

他把红背心脱下来，只见小银蛇用嘴叼起来，身子直挺挺地竖立起来，一节一节地往上长，很快就变成了一根又直又高的旗杆。它高过了最高最高的树。它挥舞着红背心，向远方的人呼救。

终于走来了一队人马，把他们领出了深山老林。

当他们就要告别这美丽的山林的时候，王哈哈忽然发现小银蛇眼巴巴地望着那儿，眼睛里淌着泪水。

“你怎么了，小银蛇？”同学们关切地问。

小银蛇说：“我想家了。我喜欢这里的山，这里的草，这里的树。”

王哈哈想了想，就跟小银蛇说：“我送你回山林吧！”

说着，他把小银蛇放走了。只见它在草叶间匍匐着前进，还不时地停下来，抬起头来向大家说：“希望你们常来找我玩儿！”

王哈哈和他的朋友们向小银蛇不停地挥手。

燃烧的红烛

每天，老师——
睡得最晚，
起得最早；
这，窗下的老槐树知道，
树上的小鸟知道。

在灯下，老师批改着，
一本本作业，
看着，看着，
嘴角溢出了微笑；
但，时光老人的足迹，
也印上了她的眼角。

老师的梦，
很短很短，
但在梦中，
她也能听到，

上课的铃儿在摇……
在黑夜与黎明之间，
老师是一只红烛在燃烧。

每天，老师

来得最早，
走得最晚；
这，满天的星斗知道，
第一缕晨曦知道。

她用慈祥的爱，
激起我心中的热潮，
让红领巾和红旗一起飘扬，
让理想和篝火一起燃烧；
她领导我们攀上一座座高峰，
向着光辉的未来远眺。

她站在今天，
想着明天，
春风化雨，
哺育着一代代新苗，
当我们长成参天大树，
就去把未来创造！

在今天与明天之间，
老师是一座宏伟的桥。

脸　谱

我在小摊前已经痴迷地站了很久很久了，我望着黏土制成的孙悟空脸谱，舍不得挪动脚步。

妈妈已经是第三次唤我去吃晚饭了。

直到小贩收起摊子，我望着他把那些脸谱一一收进他的箱子里，我才回家。

那夜在灯下，我一遍又一遍地画着孙悟空脸谱，似乎只有这样，我才能得到一点点满足。

第二天，我带着节省下来的早点钱，去买那脸谱。小贩说，钱不够，回家再向妈妈要吧！

然而，我不肯。因为我知道妈妈拿不出为我买玩具的钱。

又一天放晚学的时候，我又站在那小摊前，凝视着那一排排孙悟空脸谱。它们睁着火眼金睛，好像也在望着我。

今天，那个小贩似乎很高兴。他问我："向妈妈要钱了吗？"我只好摇摇头。小贩挑选了一个油彩剥落的孙悟空脸谱，降价卖给了我。

我高兴地赶快把攥得发热的钱递给了他，接过脸谱飞也似的跑回了家，我真怕他后悔哩！

回到家里，我嗫嚅地告诉妈妈，我买了一个残品，因为钱不够。

妈妈没有作声，她接过脸谱，端详了半天。她把我的图画颜料找来，教我涂上色，又打上蜡，于是我的孙悟空脸谱容光焕发了。

在我看来，它比小摊上所有的脸谱都要出色。

我觉得我的妈妈是这个世界上手儿最巧的人，因为她倾注了她的爱。

阅读提示 【紫雨老师的话】

一条小小的银蛇尚且知道受人救命之恩，自当有所回报。心甘情愿地成为老爷爷的拐杖；见义勇为地守护受到黄鼠狼威胁的母鸡；不畏艰险地为朋友发出求救信号……虽然小银蛇最终返回了它所钟爱的山林，然而它那知恩图报的形象真是可亲可近的，难怪它成为所有孩子们的朋友呢。

我们怀着一颗感恩的心，就会将生活中那些点点滴滴的恩情铭记在心。

我们会记得贫困的母亲如何用爱用心使得孩子倾心的脸谱容光焕发的；我们会记得牛奶是如何从很辽阔、很遥远的草原一程一程地来到餐桌上；我们会记得苹果是如何从黝黑的泥土一步一步挂在了枝头的；我们会记得太阳底下有无数位辛劳的爸爸和妈妈；我们会记得自己的成长是“和许许多多人联系在一起的”……

一份书写工整的作业就是对那辛勤批阅的老师最好的回报；写一首诗写一篇散文真诚地表达对为自己付出的师长的感恩也是一种回报；因为理解母亲而克制住不增加她的负担也是一种回报……回报的方式不只是谁教给你的，而应该是生活中你渐渐学会的。学会像小银蛇那样变身为别人需要的任何一种形态；学会在每一餐时思其来之不易；学会于在与人交往中日渐让自己接近完美！

读完这一组文章，你可以好好回顾一下自己的生活和学习，将自己一路上所得到的帮助记一记，写一写，即使我们现在的羽翼还不够丰满，铭记这些恩情，总能让自己的内心储备阳光，积蓄能量，在将来的某一天能将某一片天地照亮！

第14堂课 水

14

Lesson 14

不结冰的湖

冬天来了，湖水不像春天的时候那样活泼泼的，也不像夏天的时候那样笑眯眯的。

冬天的湖水不爱笑了，也不爱玩了，她老是想要睡觉的样子。

可是，这一天湖水很高兴，因为从很远很远的地方，飞来一群野鸭子。

从这一天开始，我们又能看到湖面上翻卷的银亮的浪花，又能听见浪花清脆的笑声了。

而且还有野鸭嘎嘎的叫声，它们一面叫着一面扇动着翅膀，湖面上留下优美的舞姿。

有时，一只野鸭忽地钻进湖水半天半天也不见他露头，害的另一只野鸭很着急。可是，忽然从很远很远的湖面上，他又露了头，另一只赶紧追了过去。

这时候，湖水便开心地笑了。

可是，没过多久，天气越来越冷了，冻得湖水发僵了，她又失去了活泼，笑眯眯的高兴劲儿。

经过了一夜寒风的吹袭，第二天早晨，湖水对野鸭说：

“我要结冰了，你们再也不能在我的怀里游来游去了。你们快快飞走吧，去南方寻找不结冰的湖吧！”

野鸭听了，谁也没有飞走。

一只年老的野鸭安慰湖水说：

“我们飞走了，你会很寂寞的。现在由我和我的孩子们和你在一起，我们大家要带给你快乐。”

湖水听了，用低沉的声音说：

“要是我结了冰，你们就会像石头一样冻结在湖里。飞走吧，快快飞走。”

许多野鸭听了，一起用唱歌一样的声音大声喊起来：

我们用歌声，我们用舞蹈，
我们要把寒冷的冬天赶跑。
让湖水永远翻卷着浪花儿。
让湖水永远哗哗哗地欢笑。

一时间，湖面上所有的野鸭都唱起来，跳起来，歌声此起彼伏，翅膀翻飞舞动。湖水也跟着跳呀笑呀！这里变成了水上乐园。

湖水变得明亮了，活跃了。

她再也不觉得寒冷了。

她那颗冬眠的心又怦怦怦地跳起来。

她要用自己温暖的胸怀去拥抱这些野鸭子。和他们一起度过这个寒冷的冬天。

就这样，野鸭天天在湖上追逐嬉戏，歌声不断，舞姿翩翩。

有时候，在皎洁的月光下，他们跳起了月光舞，湖面上闪着银亮亮的水花儿；

有时候，在艳丽的朝霞里，他们跳起了霞光舞，湖面上闪着玫瑰色的水花儿。

那一年冬天，湖水真的没有结冰。

山泉

山，又高又大的山
压不住清清亮亮的泉水
它变成小溪跑了很远很远
不知道它在追寻着谁

它一路和小野花打着招呼
小野花笑了，笑得很美丽
它又去拜访石缝里的小树
小树挺直了倔强的身躯

它一会儿跳过一块块石头
溅起一朵朵银亮的水花
它一会儿推着小鱼往前游
小鱼快乐得张大了嘴巴

白天耳边一直回响着泉声
夜晚它又流进了我的睡梦

我们去看海

走啊，一起走，我们去看海
海风已吹进我们的心中
耳边已响起潮声澎湃
走啊，去看海，海是我们的梦

海的胸怀如此的宽大
海的家园如此的富足
海是我们的另一个家
看见海，就像走进了宝库

我们在海的怀抱里跳跃
歌声笑声溅起鲜亮的花朵
海在我们的怀抱里欢笑
潮起潮落都有动听的歌

去看海，一路唱着热情的歌曲
看到海，有读不完的生命启迪

阅读提示【紫雨老师的话】

水，是生命的源泉！而生命是诗歌的源泉！所以水也就是诗歌的源泉！

中国人之于水的理解还不只是自然的、物理的，更有哲学层面的。远古的老子即有《上善若水》之说，而孔子更是以水为师，以水为君子的标准。《高山流水》的千古传诵又自不必说了。一位中国诗人，中国的儿童文学作家，即使以童话的方式来写水，依然是浸润在千古水之文化之中的童话。

冬日的湖面何以不结冰？原来被湖滋养的鸭子们怎么也不愿让湖度过一个冰冷而坚硬的冬天。它们的歌声，它们的舞蹈，它们的喧闹，温暖着湖的心，荡漾着湖的心，快乐着湖的心……

水的魅力还在于其千姿百态，川流不息。或为任何高山都压不住的清清亮亮的泉；或为分别从“冰雪覆盖的山间跑来”从“那沼泽地缓缓地爬过来”的小溪；或如仰望着天的眼睛般的湖泊；或为溪流汇聚而成的江河；而大地所有的水都会朝着一个方向奔去，那就是——大海。那里是所有的水所憧憬的一个广阔无垠的舞台！因为她有宽大的胸怀，因为她是宝贵的家园；因为她是最为无穷的宝库。所以她值得所有生命向往，也值得所有生命依恋。

水，人类智慧的源头，生命的家园！

感悟

第15堂课

15

Lesson 15

大树城堡

阿木偷偷地砍伐了一棵小树，因为它太小，只能做一个小板凳儿。

他很得意，因为小板凳儿做得结实又美观，尤其是那四条桌子腿儿，雕着花纹，粗粗壮壮、矮矮墩墩的，千斤也压不塌。

小板凳儿刚做好，怪事就发生了。板凳腿儿刚一着地，就扎下了根，四条腿儿上拱出了绿芽，绿芽很快又变成了叶子。

板凳儿面也不那么光滑了，也长出了一层绿叶。阿木用刀子又刮又削，可是刚削掉，又长出来了。

不但长出了枝叶，四条板凳腿儿越长越高。

阿木一屁股坐了上去，他想压着板凳不让它往高里长，可是，板凳举着阿木一直往上长，长啊长啊，眼看着就顶到房顶了。

阿木赶紧从板凳上跳下来。就在这时候，“轰隆”一声，小板凳儿顶塌了房顶，长啊长啊，一直往天上长。

现在小板凳儿变成了一栋大房子。大房子四周长满了绿色的枝叶，远远看去，就像一间绿色的小木屋。

阿木很高兴，一个小板凳儿竟变成了一座小木屋，住进去多神气，多高兴。

阿木大步走向小木屋。他刚走近门口，突然发现那里早有把门的了。仔细一看，原来是两只小刺猬在把门。

阿木可没把刺猬放到眼里，继续往里走。这时候，只听传来一阵阵嘎嘎的声音。

小木屋继续长，现在已经变成一座大房子了。

更奇怪的是，小刺猬也跟着长，长得像狗那样大了。

“不许进！”刺猬把满身的刺都竖起来了，像一杆杆尖尖的枪。

阿木吓得逃离了大房子。

阿木远远地张望着大房子，只见它继续在长，长啊长啊，长成一座雄伟的绿色城堡了。

阿木惊呆了。他不敢走近它，只能远远地看着它。

他看见山羊走来了。

他看见黑熊走来了。

他看见一群小猴子走来了。

它们见了面，互相祝贺着：

“这回可好了，我们有一个家了。”

又过了一会儿，老虎来了，狮子来了。

先来的动物们有些害怕。

老虎说：“别害怕，我不会吃你们。”

狮子也说：“对，对，住在城堡里，就是一家人！”

刚说完，一头大象也来了。它走路“咚咚”“咚咚”，震得大地直响。大耳朵还一扇一扇的，像两把大扇子。

动物们一见它，都叫它大象大哥。

后来又飞来了一群群五颜六色的小鸟，停在绿色城堡开满花朵的屋顶上。

阿木看见动物们高高兴兴地住进去了，大家和和睦睦地生活在一起，他很羡慕它们。

他真想去看望它们，但他又担心它们对他不友好。

一天天过去了，他天天听见从大树城堡里传来鸟儿的歌声，还有各种动物的笑声和说话声。渐渐地，阿木相信它们不会伤害他了。

这天早晨，他鼓起勇气向城堡走去。

阿木见了大象，说："我请求在大树城堡当一名警卫，行吗？"

大象问大家："你们看，能收留阿木吗？"

动物们经过一番讨论，最后通过表决，一致同意阿木的请求。

就在这时候，从城堡里传来大嗓门的说话声："我不同意！"

这是谁在说话呀？

"是我。我是大树城堡。我有话说。"大家静静地听着，"你们问问阿木：这大树城堡怎么来的？"

大家都看着阿木，等着他回答。

"我砍了一棵小树。我真不该砍呀！所以我才来给大树城堡当警卫呀！"

最后，大家原谅了他，还让他每年在城堡周围种一百棵树。

现在，如果你有机会去大树城堡旅游，你一定会先见到阿木。只是他变得越来越矮小，就像一个小木偶，站在高大的城堡门前。

被冷落的友爱

不知道为什么，升到了高年级，男女生的交往反而少了，界限也越来越明显。过去上学放学都相约着一起走，现在各走各的了。过去同位子的男女同学遇事总愿意一起商量，现在谁也不理谁了。记得那时候，班里有一位女生，她比我们大三四岁，长得白白的，个子高高的，出落得亭亭玉立，是个大姑娘了。她一直待我们很好，就像我们全班的大姐姐，总是帮助我们。比如上体育课跳鞍马，她常常自动站在鞍马旁保护我们跳过去；春游的时候，也常常走在队伍的最后边，看谁走不动了就帮谁一把；吃午饭的时候，也主动让我们尝尝她带的菜，还告诉我们这菜是她自己做的。这些事在过去都是习以为常的，可是，不知从哪天开始，大家彼此都疏远了。

随后，班上嘁嘁喳喳的悄悄话多起来。其实，说来说去不外乎是哪个男生和哪个女生好。这些议论搞得大家心慌慌的，男女同学之间筑起了一道看不见的墙。

可是，那位比我们大的女同学很坦然。她自认为是我们大家的姐姐，所以当她听到这些议论时，总是微微一笑。

有一次，我在自习课上写错了一个字，隔过她向一位男同学借橡皮。她听见了，就把自己的橡皮递过来，我一时竟不知道该不该接。我感觉到我周围已有十几双眼睛在盯着我，脸上火辣辣的。我还在踌躇不定，她已把橡皮扔在我的桌上。我只好用她的橡皮匆匆地擦了擦，就赶忙还给了她，连句谢谢的话也没说。

后来又有一天，做完值日，她和我正好回家同路，按照过去的习惯，我们一起边走边谈起来。

谁知第二天，班上就议论开了，有同学跑来问我：

“干嘛她借你橡皮？”

还有的问我：

“干吗放学以后你约她一起回家？”

问得我哑口无言。最后的结论当然又是我们俩好了。

从此，我心里有些恐慌，再不敢和她说话了。

但是，我发现她一如既往。这一天，她因为请假耽误了课，返校后向我借作业补练习题。我从心里愿意帮助她。我觉得我应当回报她对我的友情，于是毫不迟疑地借给她了。

谁知这件事更成了我们俩要好的证据。我竭力否认。有几个大同学又来激我：

“你要是真的没跟她好，从今天开始你就别理她。你能做到吗？”

我不情愿地点了点头。

从那以后，我果然不再理她。她几次找我说话，我都是把头一扭，转身走开了。站在一旁的男同学哄笑起来。

我见她转过身去，悄悄地掏出了手绢擦着眼泪。

从此以后，她再也不和我们男生交往了，见到我们总是尽量回避。当我

们目光相遇，她又总是迷惑不解地望着我，似乎有什么话想说。

那时候，我常常扪心自问：我们这样做究竟为了什么？我多么希望老师能引导我们正确地对待男女同学之间的友谊。要是还能和从前一样互相帮助、友爱相处该多好啊！

可是那样的时候再没有来。又过了一年多，我们小学毕业了，她没有考中学，辍学回家了。

现在，我连她的名字都忘记了，但是我常常这样想：如果我们能重聚在一起，回忆起我们的童年时代，该有多少话题可谈啊，其中自然也会谈起那不该被冷落的友爱。

阅读提示 【紫雨老师的话】

生活，能教会你什么？其实生活原本就是生活的模样，它能教会你的全凭你在生活中所能得到的感悟。

一棵小树，被阿木砍伐并制作成了一张板凳，而板凳却以它独特的生命力生长成一座绿色的城堡，成为所有动物都相亲相爱的一个温馨的家。美丽的城堡吸引着阿木，也教导着阿木，让他幡然醒悟：“我砍了一棵小树。我真不该砍呀！所以我才来给大树城堡当警卫呀！”——由一个破坏绿化的捣蛋者变成了一个绿色的守护者，这不仅在于城堡的魅力，更在于阿木自身的感悟。

生活中的这种感悟，更多的来自某个人或某件事的点触。当我们只顾自己的畅快或是利益的时候，常常会自觉或不自觉地对别人造成伤害。有的是直接可视的身体上的伤害，更多的可能是给别人带来的情感或是心灵上的伤害，这种伤害往往不被我们察觉，如果被伤害的人又选择了沉默，那么只有靠自己的反思来感悟，才能让自己有所成长。

这些感悟，都是生活教会的成长！

爱你

第16堂课

16

Lesson 16

两只棉手套

冬天的西北风刮个没完，刮到脸上，就像用小刀儿一下一下割着，真疼啊！

松鼠妈妈要生小娃娃了。可是她还没找到一个避风的地方。

松鼠爸爸很着急，他在树枝上蹦来蹦去，想找一个暖和的树洞。

找呀找呀，他找到了一个很大很圆的树洞。他刚往里一探头，就听到一声粗嗓门：

“对不起，我已经住上了。”

松鼠爸爸一听，就知道是大黑熊。他赶忙走开了。

找呀找呀，他又找到了一个很小很圆的树洞。他刚往里一探头，就听到一声尖嗓门：

“对不起，我已经住上了。”

松鼠爸爸一听，就知道是小刺猬。他赶忙走开了。

风越刮越大了，还夹带着雪花。

松鼠妈妈蜷缩着身子，抱着圆鼓鼓的肚子，蹲在树枝上，愁得直想哭。

松鼠爸爸叹了一口气，跳下大树，又为松鼠妈妈寻找生娃娃的地方去了。

他走在雪地上，这里看看，那里找找，连个草窝都找不到。他的脚都冻麻了，也不在意。他只想快点给松鼠妈妈找个窝，好平平安安地生下小娃娃呀！

走着走着，他忽然踩着一个软绵绵的东西，他摇摇大尾巴，把覆盖在上面的雪扫一扫，啊，露出了一只棉手套！

他知道，这一定是哪个小朋友不小心丢在这里的。

他可顾不了那么多了，赶忙让松鼠妈妈钻进去。不久，她就生下了五只小松鼠。

五只小松鼠一生下来就淘气极了，这里钻钻，那里拱拱。最后，五只小松鼠钻进了棉手套的五个指头，正好每只住一间小房子。

小松鼠们呼呼地睡大觉了。松鼠妈妈睡在娃娃们的身边，守护着他们。

松鼠爸爸也想钻进棉手套暖和暖和，可是里面太挤了，他只好又出来，卧在手套外面，用自己蓬松的大尾巴盖在自己的身上取暖。

风，越刮越猛；雪，越下越紧。五只小松鼠依偎着妈妈还喊冷。松鼠爸爸就用自己的大尾巴堵在棉手套的口上，为他们挡风雪。

他迎着风雪卧在棉手套的外面，他冻得发僵了，也不肯离开一步。

忽然，松鼠爸爸听见远处传来“吱嘎吱嘎”的脚步声。脚步声越来越近，他看见两只踏雪鞋停在面前。他仰起头一看，见一个男孩子站在了跟前，他一只手戴着棉手套，另一只手光着。

松鼠爸爸一看就明白了，就是这个男孩子丢了他的棉手套。

真的，他是来取回他的棉手套的。

他蹲下身来，刚要伸手去拿，松鼠爸爸说：

“谢谢你的棉手套。”

男孩子却说：

“我该谢谢你呀，是你替我看管着手套啊！”

“不，”松鼠爸爸说，“我该谢谢你。你看，我的五只小松鼠和他们的妈妈，正躲在你的棉手套里呢！要不，他们真会冻死的。”

“你怎么不进去呢？”小男孩问。

“里面太挤了。我在外面给他们挡风雪。”松鼠爸爸很自豪地说。

这时候，小男孩发现松鼠爸爸全身盖满了雪花。

他毫不犹豫地脱下另一只棉手套，轻轻地放在地上，然后转过身来，不声不响地走了。

松鼠妈妈和她的五只小松鼠，探出头来想谢谢他，只见他已踩着厚厚的大雪，“吱嘎吱嘎”地走远了。

松鼠爸爸说：“好好保存这两只棉手套，明年春天天暖了，我们一定要送还给他。”

五只小松鼠望着男孩远去的背影一齐喊着：

“我们长大了，跟着爸爸妈妈一起去！”

爱之歌

我看见春天的地锦，默默地伸出它的“手”，开始往墙上攀缘。它要把绿色的爱送给这座房子。它没有说一句话，爱，就意味着攀缘而上。

我看见啄木鸟，从一棵树飞往另一棵树。它要给树区“叩诊”，吃掉隐藏在树干里的蛀虫。它没有唱动听的歌，爱，就意味着飞翔和劳作。

比起花鸟鱼虫，我们人类有自己的语言。我们可以用语言表达祝福之心，抚慰之情，关爱之谊。但是，人类除了用语言作为表达爱的方式，还有另一种“无言”的方式。我们在获得别人的爱的同时，还要学会以爱来回报，用语言，更要用行动：

默默地为妈妈递上一杯热茶；

看望你病中的老师；

帮助有困难的同学；

为祖国种下一棵树苗……

爱，就意味着去做，它比语言更温暖、更珍贵、更持久。爱，有时候虽然是无声的，心中却有一首歌。

你看那天上的太阳，虽然是无声的，但是，它给了花微笑，给了鸟歌声，给了你我丰富多彩的生活。

阅读提示 【紫雨老师的话】

爱，就一个字！我只说一次！你知道我只会用行动表示。让你幸福我愿意试，让你幸福是我一生在乎的事。——每当看到关于“爱”的话题，这首歌就会在耳际响起。爱你，就是在乎你的幸福！

爱，首先来自亲人之间，转而来自于我们亲密接触的事物之间，再生长为对世界、对自然的爱！

松鼠爸爸在风雪中为了给孩子一个温暖的家而奔波，松鼠爸爸为了母子的舒适而在手套外的守候，为了家人的平安而勇敢地与人交流……爱，是最容易交流的语言，因为它是所有生物都相通的情感。

爱，有时是行动的。一个问路的人，可能需要的是一句明确的指点，可能需要的是一张清晰的地图，也可能更需要一段相伴的行走。人生的路也一样，我们成长的路上，有时需要有人给我们传授知识，讲述道理；有时需要有人在关键的时刻和我们一起规划一起设计蓝图；有时在一些特殊的时刻则需要有人真情的陪伴。这样的行程中相遇的人，都是有爱的，都是我们生命中不可或缺的角色！

爱，有时是无声的。可以像地锦那样，不说一句话，只是默默地攀缘而上。可以像啄木鸟那样，不用唱动听的歌，只是安详地飞翔和劳作。还可以像太阳那样，不说一句话，只是静静地给了花微笑，给了鸟歌声，给了你我丰富多彩的生活。发自内心的爱，原本就是一首歌，而转化为爱的行动时，这首歌就是最动听的旋律。

色彩

第17堂课

17

Lesson 17

蓝萤火

那时每一个夏夜凉爽如水
常常会飞来一只只萤火虫
那幽幽的蓝光很美很美
映照着我第一个童话梦

我拥坐在外祖母身边
她的故事一支谣曲
说用萤火穿一串项链
佩戴在我胸前最美丽

那一夜我走进童话世界
梦见我的萤火项链闪着光
梦醒了，窗外挂着一轮圆月
正从远天向我张望

胸前虽不见了那串蓝萤火
天上却多了几颗星火闪烁

暮 色

黄昏时分，眼看着夕阳就要沉落下去，我便想去散步。

我走向那片小树林。

远远望去，只见小树林里，在树干和枝叶的缝隙间闪烁着银亮的光，好像有水银从树梢上流泻下来。

走进树林以后，才发现树的尽头原来是一片湖水。水面倒映着天空，水似乎比天空更加明亮。

晚霞映在湖面上，叠映出彩锦般的光泽。远处的塔影，岸边的树影，都幻化成神秘的色彩倒映在湖中，恍若湖中有一个花园，令人心醉神迷。

黄昏的湖面有着它独特的亮色。我猜想，湖中的鱼儿一定仰视明亮的天空，啜饮那亮亮的水花儿，作欢乐的跳跃。

我在湖边停留片刻，又折回树林，这里显得幽暗了许多。我只能从头顶茂密的枝叶间仰视天空，那里好像有星星点点的花朵从天空飘落下来。

幽暗的小树林里，已听不到鸟儿的啁啾，但并不安静。还有蝉的叫声，拉着长音，如抽丝一般。

当暮色更加浓重的时候，不知从什么时候开始，蝉不再叫了。这时候，从远远近近的地方，传来各种虫儿的叫声，此起彼伏，像窃窃私语，像喁喁诉说。

快要走出那片小树林的时候，我看见了几只流萤飞上飞下，忽明忽灭。夜已来临。

阅读提示 【紫雨老师的话】

世界是色彩斑斓的！每一种色彩都在表达着属于她的情感！

如果你喜爱绿色，“记得绿罗裙，处处怜芳草”自然就让你怦然心动；如果你喜欢红色，那么喷薄的日出与鲜艳的夕阳定然被你写成诗；如果你喜欢黄色，那么春天的油菜花和秋天的银杏叶一定会写进你的记忆；如果你喜欢……是啊，有多少种颜色，就会有多少种喜欢；有多少种喜欢，就会赋予颜色多少种意义！

萤火幽幽的蓝光点燃的是对祖母的怀念：那一首首蓝色的歌谣；那一个个蓝色的童话！萤火幽幽的蓝光串联的是对童年的回忆：它们是夏夜里的一轮思乡的明月；它们是夜空下一串闪光的项链。一切关于儿时的记忆被萤火照成了幽幽的蓝色！

也许你可能钟爱于某一种色彩，但毫不影响别的色彩绽放它们的绚丽。也正因为每一种色彩的缤纷，才有了这世间的五彩！即使在幽暗的《暮色》里，你定然也能读到丰富的色彩：天空、远山、湖面、树林……无一不在讲述着属于它们的童话，为自己涂抹着独有的色彩！

思考

第18堂课

18

Lesson 18

小狗的铃铛

有一只小狗，人们都叫它“丁零当啷”。

怎么叫这么一个怪名字呀？因为小狗的脖子上戴着一个金光闪闪的铃铛，一走起路来就“丁零当啷、丁零当啷”地响。

人们一听到这铃声，就说：

“小狗来了，欢迎，欢迎！”

小狗到处受到欢迎，走起路来就神气起来了。它无论走到哪里，都把铃铛摇得很响很响，为的是让大伙儿都能听见，好热烈地欢迎它。

忽然，有一天，小狗的铃铛丢了，无论它走到哪儿，都悄没声儿。

小狗觉得很奇怪，人们怎么不理我了？

小狗晃晃脑袋，一点儿声音都听不到了。它跳一跳，还是没有声音；它又跑一跑，还是没有声音。

小狗又着急，又害怕，难道我把自己给丢了？这世界上再没有我“丁零当啷”了？人们再也不欢迎我了？我把自己丢了？小狗一想到这里，就呜呜地哭起来了。哭得真伤心啊，眼泪哗哗地往外流。

小青蛙一蹦一跳地来到小狗跟前：

“怎么啦，丁零当啷？”小狗一听小青蛙还在叫它“丁零当啷”，就勾起了它的伤心事，一边哭一边说 ：

“别问了，别问了，我把自己给丢了！”

小青蛙见它哭得这么伤心，就把它领到镜子跟前，指着镜子里的小狗说：

“你仔细看看，这不是你吗？”

小狗眨巴眨巴眼睛，又看看镜子里，再摇摇头，还是听不到“丁零当啷”的响声，就又哭起来了。一边哭一边大声喊着：

“那不是我，不是我。我是‘丁零当啷’。现在听不到‘丁零当啷’的声音了，我把自己给丢了。呜呜呜……呜呜呜……”

小青蛙真拿它没办法，叹叹气，只好走开了。

小青蛙走了很远很远，还听到小狗一边哭一边喊着：

“怎么办呀，我把自己给丢了！呜呜呜……呜呜呜……”

没有了脖子上的铃铛，小狗还是“丁零当啷”吗？

自己的声音

森林合唱团正在排练一首歌曲：

> 咯吱吱，咯吱吱，
> 森林里来了一只小耗子。
> 小耗子，啃木头，
> 啃呀啃呀磨牙齿。
> 咯吱吱，咯吱吱……

大家唱得都很齐，唯有小耗子跟不上拍子，不是快，就是慢，惹得黑猩猩指挥很生气。

他质问小耗子："小耗子，你怎么老是唱不齐？"

"我，我也不知道。"小耗子低着头说。

"是不是因为唱的是'小耗子啃木头'你就故意不好好唱？"黑猩猩大声训斥着。

"不是的。我好好唱了。"小耗子细声细气地说，"我知道小耗子就爱啃木头的。"

大家一听都哈哈大笑起来。

“不许笑，继续排练！”黑猩猩指挥用力挥动着指挥棒。

咯吱吱，咯吱吱，
森林里来了一只小耗子。

小耗子还是唱不齐，不仅唱不齐，它还跑调了。

黑猩猩指挥大声吼道：“小耗子，你被开除了，走吧！”

小耗子哭着走了。

它不想回家，它想，如果让爸爸妈妈知道了，一定还会批评它笨。

小耗子走出大森林，在开阔的原野上走着。

原野上铺着厚厚的白雪。小耗子走在雪地上。

四周安静极了，只听见脚下发出“咚吱吱、咯吱吱”的声音。

它觉得这声音就像它刚才唱的那首歌。

它一步一步走在雪地上，听着脚下发出的踏雪声，一边走，一边情不自禁地唱起来：

咯吱吱，咯吱吱，
森林里走来了一只小耗子。

它唱得很开心。它再也不用担心黑猩猩会吼它。它可以自由自在地歌唱。

它放开喉咙大声地唱。它的歌声很嘹亮，传得很远很远，一直传进大森林里。

黑猩猩指挥听到了，停止了排练，让大家静下来，仔细地听。

黑猩猩连连说着：

“你们听，你们听，它唱得多么准确，多么轻松，多么自然，多么……”

黑猩猩不知道该用什么词儿来赞美那歌声了。

小耗子的歌声又传过来了：

咯吱吱，咯吱吱，
森林里来了一只小耗子……

凝视一朵花

我愿久久地凝视一朵花，
从含苞到凋谢。

它展现着美丽，
就是生命的果实。

花朵，以它的芬芳，
浸润着我们的灵魂。

灵魂因花朵的美丽，
而和土地更加亲近。

阅读提示

【紫雨老师的话】

人是一棵会思想的芦苇！——这是法国思想家帕斯卡尔的名言。人对于宇宙而言是微不足道，但又是永恒的，其秘密就在于那“思想”之中。思考，是人之肉体之外得以高贵灵魂的成因。

只要有经历自然会有思考，而思考的第一步往往是对自己的认识：

《小狗的铃铛》中的小狗“丁零当啷”，与世人交流似乎一直以“丁零当啷”这个声音来实现的，也就是说它将自己依附于那只铃铛之上了，以至于有一天铃铛丢了，它就慌了：“那不是我，不是我。我是‘丁零当啷’。现在听不到‘丁零当啷’的声音了，我把自己给丢了。呜呜呜……呜呜呜……”即使别人仍然叫它“丁零当啷”，它自己却仍然痛苦地找不到自己！

《自己的声音》中的小耗子却正因为别人的不认可——黑猩猩指挥因为它的跑调而将其从合唱团里开除了，它在不断地思考与探索中，发现了自己的声音：小耗子走在雪地上，它在远离干扰时听到了自己脚下发出“咚吱吱、咯吱吱”的声音，它觉得这声音就像它刚才唱的那首歌——找到了属于自己的声音，也正因为它找到了自己，才得到了黑猩猩指挥的称赞！

困扰也好，恍惚也罢，人类思考常常是没有一个最终的结果——所谓的标准答案。但这并不影响我们享受思考的过程给予我们的快乐，就像《凝视一朵花》，凝视中我们未必是理性地获取所谓的真理，而是真正体验着“灵魂因花朵的美丽，而和土地更加亲近”，这种完全属于人类特有的思考的快慰！

欢笑

第19堂课

19

Lesson 19

老鸹枕头

小时候，我家就住在老河滩北边的一座小镇上。

小镇倚山而建，上上下下的房屋，远看就像一层层楼。

我记得最让我高兴的事，就是由外祖母领着我去河滩上捡“老鸹枕头”。

“老鸹”就是乌鸦。“老鸹枕头”其实是一种小石头，有两寸来长，圆柱形的，很光滑。

为什么把它叫“老鸹枕头”？老鸹也睡觉吗？我不止一次地问过外祖母。

她也不厌其烦地告诉我：

“人要睡觉，老鸹也要睡觉。人睡觉，要枕枕头，老鸹睡觉，也要枕枕头啊！”

从此，我相信外祖母的话，每次来到河滩上，都很认真地捡“老鸹枕头”，每次都捡回满满的两口袋。

回到家来，妈妈见了，就要骂一顿，因为我把口袋坠出了大窟窿。外祖母不说我，总是笑眯眯地戴上老花镜，给我缝口袋。

“老鸹枕头”越捡越多，我就想，怎样送给老鸹去枕呢？

外祖母说：“天气傍黑的时候，你把‘老鸹枕头’悄悄地放在屋外窗台上，等天黑了，老鸹就来叼了。”

我最相信她的话，就在晚霞满天的时候，把“老鸹枕头”整整齐齐地码

在窗台上。

到了晚上，我不想睡觉，等着老鸹来叼它的枕头。

外祖母说："快睡觉。要是老鸹知道你偷偷地看着它，它就不敢来了。"

我只好闭上眼睛，盼着赶紧睡着。

第二天，天刚亮，我爬起来，就往院里跑。数一数，窗台上的"老鸹枕头"，一个也没少，还是整整齐齐地在原地码着。

我很失望。我认为是老鸹没有发现我给它们准备的这些小枕头。

为了能让它们枕上这些小枕头，我要把它送到老鸹窝里去。

我还选择了邻居院里的一棵大槐树，那树上有个很大很大的老鸹窝。

我整天吵吵嚷嚷着要爬树。

外祖母很害怕我爬树会摔下来，就哄我说：

"别着急，出不了三天，老鸹就会来叼小枕头。"

于是，我又在黄昏时候，把那些小枕头码在窗台上。

我现在再也安不下心来好好睡觉了。我竖着耳朵听着窗外的动静。

风吹树叶哗啦啦地响着。偶尔还传来一两声"啊、啊"的叫声。

我跟外祖母说：

"听，老鸹来叼它的小枕头了！"

外祖母点点头。她大气也不敢出一声。她现在和我一样，也盼望着老鸹来叼小枕头了。

可是，又是一连三天，码在窗外的小枕头还是一个没少。我扑簌簌地掉眼泪了。

外祖母说：“别急、别急。老鸹还不知道咱们给它准备了小枕头了呢，咱们应当告诉它一声。”

“怎么告诉它们呢？”我问。

“等它们从咱们屋顶上飞过的时候，你就给它们唱这首歌。”

于是，她开始教我唱起来：

老鸹老鸹落落，
枕头枕头摆好，
请你叼一个，
回家好睡觉。

每天黄昏，当老鸹从我家屋顶飞过的时候，我们就拍着手一遍一遍地唱着那首儿歌。

第二天，天刚蒙蒙亮，外祖母就把我推醒了，她催促我快起床，让我去看看“老鸹枕头”少了没有。

说来真奇怪，放在窗台上的“老鸹枕头”真的少了一个！

外祖母看着我笑，全家人看着她笑。

后来，我长大了，我知道了“老鸹枕头”是外祖母和我一起玩的游戏；那游戏就像一出有趣的童话剧，而我和外祖母都是重要的角色。

即使到了今天，每当我捡到一颗光滑的小石头，我还会蛮有兴致地告诉别人：“你看，这是‘老鸹枕头’。”

冰上的笑声

落日的余晖渐渐暗下来了，环绕湖边的树变成了奇形怪状的剪影。远方的电视塔开始闪出宝石般的光。在冰上嬉戏的人们大多已经回家了，但我还是看到一位父亲拉着一辆冰车，冰车上坐着他的孩子。

孩子在快乐地喊叫着，爸爸在冰上飞快地奔跑。冰上虽然看不到别人的身影，而且天已经完全黑了下来，但他们游戏的兴致依旧很高。

爸爸说："我们该回家了，儿子。"

"不，就不。"儿子的嗓门更高了，"你下了班才来陪我玩儿。我们多玩儿一会儿！"

爸爸拉着冰车跑得更快了。

坐在冰车上的孩子开怀大笑，笑声驱散了这冰上的寒风。月亮出来了，冰上闪着光。两个人的身影清晰多了，一个高大的人在前面飞跑着，冰车上坐着的孩子挥舞着手臂。

突然，爸爸跌倒在冰上，半天也没爬起来，儿子从冰车上跳下来去拉他，他自己却也跌倒了。

父子俩躺在冰上，望着天上的月亮。儿子说："你坐上冰车，我来拉你。"爸爸立刻站起来坐在了冰车上。他喊了一声："驾！"儿子开始跑起来。

我看见冰上迅速滑行的两个身影，这一次，前面的是一个矮小的身影，冰车上坐着胖胖大大的爸爸。

“爸爸，等我长大了，我还给你拉冰车。”儿子一边跑着一边气喘吁吁地说。

“那时候，我就成了老头儿啦！”爸爸说。

“成了老头儿，我也拉着您来滑冰！”

儿子跑得更快了。

父亲和儿子一样快乐。

两个生命融合在一起。

笑的花朵

冬天，我把笑播撒在山野，
寒风扬起尘土把它掩埋，
又有雪把它覆盖。

当春天到来，雪融化了，
还有小雨滋润着，
我的笑就会发芽开花。

它开放的是野菊花，
金灿灿的，像笑的颜色，
仰望着太阳。

它开放的是风铃花，
丁零零的，像笑的声音，
呼唤着鸽哨。

它开放的是九里香，

香喷喷的，像笑的芬芳，
引来了蜜蜂。

我希望有许多许多人，
来采撷这山野的花，
把快乐带回家。

阅读提示 【紫雨老师的话】

欢笑，几乎是孩子的代名词，生活中太多太多的欢笑来自孩子！

先来看看祖辈与孙辈之间的欢笑吧！

《老鸹枕头》是外祖母和我一起玩的游戏；那游戏就像一出有趣的童话剧，而我和外祖母都是重要的角色。一个如法布尔一样热爱自然，喜欢将自然装满自己衣袋的孩子，一个如孩子一样陪着孙子玩“老鸹枕头”游戏的外婆。就那样捡啊、盼啊、哄啊、等啊、唱啊、睡啊……有多少欢笑就这样进了儿时的梦！

欢笑，又是春天的使者。在那寒冷的冬天，在那冰冷的湖面，孩子的欢笑让那冻结的湖面荡漾着春波，闪出宝石般的光。

孩子都是春天的使者，欢笑是孩子的名片！

让我们带着微笑朗读《笑的花朵》，嗬！原来笑不只是可以让人当面听到，它除了有声音，它还有颜色，它还有芬芳……让人感染你的快乐，它还可以像种子一样播撒。它会生根，它会发芽，会开出色彩斑斓的花。把你的笑，也找个需要美丽和快乐的地方：可以是荒凉的山野，也可以是无边的沙漠，可以是贫瘠的山顶，也可以是茂密的森林……全凭你做主，将自己的笑悄悄地掩埋，当春天到来，雪儿融化，你的“笑”又会生长成什么，那也是由你决定的。可以和金波爷爷的笑一样开出五彩的花，也可以长成一棵棵树，甚至孵出你心爱的动物，这些都是你“笑”的“宝贝儿”。

第20堂课 忧伤

20

Lesson 20

永远的家

它是一只豆青虫。它的名字叫柔柔。它诞生在一棵老槐树上。它是吃老槐树的嫩叶长大的。

它记得小时候，有一天刮起了大风，把它从树上刮了下来；幸亏有一根游丝牵着它，才没有摔到地上。

还有一次，下起了大雨，是一片叶子为它遮雨，让它平平安安度过了那个雨夜。

后来，它变成了蛹，又羽化成一只黄蝴蝶。

无论它飞到什么地方，大家都夸它长得漂亮。

一只凤尾蝶看见它了，说：

“看你金光闪闪的，就像镀上了金子似的。我敢说，你无论飞到哪一朵花上，都会受到热烈欢迎的。”

黄蝴蝶只说了一声“谢谢”，又继续往前飞。

它要去找它那棵老槐树，那是它的家啊！

它又遇到一朵雪白的蒲公英。蒲公英说：

“跟我一起飞吧，不远处有一座美丽的庄园；如果你在那儿定居下来，包你一生都过得幸福。”

黄蝴蝶还是说了一声“谢谢”，又继续去找它的老槐树。

它飞到一座山丘上，看见了一棵树，它一眼就认出了那是它的老槐树。

老槐树开满了白色的槐花，飘散着淡淡的槐花香。

黄蝴蝶一闻到这熟悉的香味，就像回到了家，那种亲切的感觉，让它几乎掉下了眼泪。

“我又回家了！”黄蝴蝶在自言自语。

老槐树听到了。它让它的小槐花纷纷说：

“欢迎你呀，黄蝴蝶！”

黄蝴蝶从此就在这棵老槐树上住下了。它每天从这树枝上飞到那树枝上。它看着一片片树叶，就像读着一本本书；它去看每一朵槐花，就像和它的姐妹们谈心。

“难道你打算一辈子也不离开这棵老槐树吗？”一只麻雀这样问它。

黄蝴蝶说：“这是我的家呀，我为什么要离开它呢！”

小麻雀没听完黄蝴蝶的话，就叽叽喳喳叫着飞走了。

槐花慢慢谢了，结出了许许多多荚果。黄蝴蝶想数一数结了多少颗。它怎么能数得清呢！但它很高兴地围着老槐树数来数去。

夏天的夜晚，黄蝴蝶飞到槐树梢上，数天上的星星。它虽然数不清，但它想，我站在这高高的树梢上，我离星星多么近啊！

最让黄蝴蝶高兴的是，中秋节的晚上，它飞到老槐树最高的树梢上，等待着一轮圆圆的月亮升起来。它看见月光洒满了老槐树。微风吹过，枝叶摇荡，银光闪烁，就像梦境一样美丽。

然而，它也感到天气是渐渐凉了。叶子在秋风里也渐渐黄了。

还是那只麻雀来劝它：

“找个地方避避风寒吧！”

黄蝴蝶望着渐渐变黄的叶子，它觉得它们是更美了。尤其在阳光里，每一片叶子都闪着金黄的颜色。这和它相同的金黄颜色，让它感到格外亲切。

在秋风里，片片黄叶纷纷扬扬地飘落着。

在黄蝴蝶的眼里，片片黄叶像是一只只飞翔的黄蝴蝶。

这一天，在秋风里，黄蝴蝶伴随着黄叶子，也从老槐树的枝头飘落下来……

柿子灯和相思鸟

一

这棵柿子树是奶奶种的。

年年秋天，柿子熟了的时候，她就让她的孙女婷婷把柿子摘下来，给邻居们送去。

今年中秋节的前一天，奶奶病倒了。她躺在病床上还在嘱咐婷婷：

“明天是中秋节，别忘了摘柿子给邻居们送去。”

婷婷去摘柿子。她在树梢上给奶奶留下了一个大个儿的。她对柿子说：

“你在树上多留些天，等奶奶病好了给她吃。”

奶奶在房檐下还养着一只相思鸟，这也是奶奶的心爱物。

有一天早晨，奶奶刚醒来，就嘱咐婷婷：

“把那只相思鸟放了吧，让它自由自在地飞，我没精力照看它了。”

婷婷去放那只相思鸟。她有些舍不得。但是，她最理解奶奶的心，她听奶奶的话。她对相思鸟说：“你飞走了，可别忘了奶奶和我啊！”

她把鸟笼子打开，相思鸟迟疑了一下，飞了出来。它没有立刻飞向蓝天，却先飞到窗棂上，向奶奶叫了几声，才飞走。

二

秋风渐渐凉了，柿子树上的叶子快落光了。

树梢上留下来的柿子，长得又红又大。

婷婷每天都去看它好几回。每次回来，她都去告诉奶奶：

“那个柿子还挂在树上。我让它等奶奶病好了，长得又大又甜，给您吃。”

奶奶笑了，笑得很甜，好像她已经吃到了。

婷婷去看那个柿子的时候，自然就想起那只相思鸟——它不会把我们忘了吧，真盼望它能飞回来看看奶奶和我啊！

其实，相思鸟在当天晚上就飞回来了。

它落在柿子树上，偎依着那个长得又红又大的柿子，它在给它唱一支歌：

你长啊长啊，
长成又大又甜的柿子，
等奶奶病好了给她吃。

婷婷先听见了它的歌，她告诉奶奶，奶奶也听见了。

奶奶心里很温暖。相思鸟又飞回来了，还惦记着她。

奶奶在相思鸟的歌声中睡着了。

三

窗外刮起了阵阵秋风。天越来越冷了。

奶奶的身体越来越衰弱了。她常常闭着眼睛，倾听窗外的相思鸟唱歌。在它的歌声中，她似乎又看见了那个又大又红的柿子挂在树梢上。

有好几次，婷婷想把那柿子摘下来，送给奶奶吃，奶奶总是摆摆手。

婷婷天天都在担心，秋风会不会把那个柿子吹下来。她盼望着奶奶的病一天天好起来，能吃到这个柿子。

有一天，她发现相思鸟在柿子树上筑了一个巢。那个巢就筑在柿子的下面，像一个小碗儿盛着那个沉甸甸的柿子。

啊，相思鸟，真要感谢你的好办法！

四

可是奶奶的病是越来越重了。她喘着气，昏沉沉地睡着，眼前是一片黯黑的世界。

但是，她听见相思鸟唱起了一首新的歌：

你长啊长，大柿子，

长得红彤彤，
不怕风，不怕冷，
请你变成一盏灯。

真的就在一个深秋的晚上，婷婷看见树上挂着一盏柿子灯，发出红玛瑙一样柔和的光。

奶奶最后一次睁开眼睛，向窗外看了看那盏柿子灯，那柔美的光洒满了窗棂，洒满了屋子。

奶奶是在那温暖的灯光里，微笑着离开这个世界的。

就在那天夜里，她听见相思鸟如泣如诉的歌：

点亮了柿子灯，
照亮了宁静的夜空。
给奶奶照亮了路，
祝您一路顺风。

就在那天夜里，婷婷仿佛看见那盏柿子灯离开了柿子树，向着夜空缓缓地飘去。

第二天，婷婷惊奇地发现，柿子树又发了新芽。

阅读提示 【紫雨老师的话】

人世间有欢笑就有忧伤，就像有阳光就会有阴影一样！最大的忧伤莫过于生命的逝去而带来的忧伤！读这样一组文章，我们仿佛在聆听一曲曲哀伤的歌，无论是一片树叶的飘零，还是一只蝴蝶的死去，都是自然的一个进程。无论是面对与亲人的诀别，还是凝望遗物的沉思，都是我们必然要经历的课题。

忧伤，就像秋风里，那只伴随着黄叶子，也从老槐树的枝头飘落下来的黄蝴蝶。虽然画面凄美，但同时纷飞的还有儿时快乐的记忆，还有槐花特有的芬芳，还有它翻山越岭回归的飞翔！

忧伤，就像窗外那盏柿子灯，那柔美的光，微弱却温馨，因为那是孙女在心底为奶奶保留的一盏温情的灯！忧伤，还像相思鸟的那个巢，那个不愿意柿子灯被风吹落的巢！柿子灯给了窗里奶奶以温暖，相思鸟巢给了奶奶整个世界的微笑。忧伤，就是相思鸟巢里那盏柿子灯！缕缕相思里柔柔的光！

忧伤，像空中飘忽的一根丝线，它可能会在某一次摇摆中闪现一下自己的光，却不像夜空闪电那般的刺目；它可能会在某一次跌落中羁绊一下自己的牵挂，却不像风筝引线那般的强行；它可能会在某一次倾诉中书写一下自己的诗，却不像小说描写那般的跌宕。如果，有一天，你与它相遇了，不必太多的惊慌——

因为忧伤更像秋日里的那片黄叶，无论有没有风吹过，它都会落下来。一个爱深思的人，总能从一片小小的叶子里读到关于它的春夏秋冬，感受它的喜怒哀乐，讲述它的前世今生，就好像在和一个人倾心交谈，这样的交谈会让忧伤成为一首无限绵长的歌！

第21堂课

忆念

21

Lesson 21

老头儿、老头儿，你下来

至今我也不明白，小时候，我们为什么把蒲公英叫作“老头儿”。是因为它成熟的果实长着白色的绒毛，像老头儿的白胡子、白头发？

那时候，只要一看见蒲公英在天上随风飘飞，我们就挥舞着双臂，跳跃着双脚一齐唱着：

> 老头儿、老头儿，你下来！
> 老头儿、老头儿，你下来！

流光易逝，转眼间，当年追赶蒲公英，把它叫作“老头儿”的那个小孩子，自己倒成了一个真正的老头儿了。

这个老头儿就是我。

秋天的一个中午，我走在山野里。阳光格外明亮，格外温暖。遇到这样一个晴朗的秋天，心情也会很好。尤其当我看见满天飘飞着蒲公英的时候，我竟然忘记了自己的年龄，高兴得像个孩子，又大声唱起来：

> 老头儿、老头儿，你下来！
> 老头儿、老头儿，你下来！

说起来你也许不信，那“老头儿”真的就落下来了，站在我张开的手掌上。

“老头儿，您有什么事？”那朵蒲公英问我。

我好奇地端详着它，它长得真像个老头儿模样，白胡子、白头发，脸色红里透白、白里透红。

我惊奇得忘了回答它的问题，倒又问起它来：

“你什么时候变成这样子了？”

它笑了笑（它一笑，白胡子、白头发就都飘散开，蓬蓬松松，像一朵白色的绒花），很得意地回答我：

“您忘了您小时候，不是很爱唱那首‘老头儿、老头儿，你下来’的歌吗？”

我赶紧点点头。

“我们想满足小孩子的愿望，就变成了老头儿模样。”

我高兴得又点头又拍手。

“可是，”蒲公英有些失望，“可是，谁想到我们变成了‘老头儿’，您却老了，成了真正的老头儿了。”

我见它很难过的样子，就赶紧安慰它：

“别难过。我虽然成了白胡子、白头发的老头儿，但我还像当年小孩子的时候一样爱你。”

它勉强笑了笑，还是一副失望的表情。我继续安慰它：

“我不但像小孩子一样喜欢你，我还没忘记小时候唱的那首童谣。”

说着，我很认真地给它又唱了一遍。但是，我也知道，我的声音很沙哑，再不像小孩子唱得那么清脆、嘹亮了。

“也许我的声音不那么动听了，可是，我的心没老。”我很真诚地说，“我还有一个愿望……”

说到这里，我有些不好意思，就支支吾吾起来。

“快说呀，我听着哪！”蒲公英在催我。

我说：“现在，当我成了一个真正的老头儿的时候，我倒很想变成一朵蒲公英，跟着你们一起飞。”

蒲公英一听，笑了：“真有意思，您还是一个小孩子的时候，把我们叫作‘老头儿’；您成了老头儿的时候，又想变成一朵蒲公英。好吧，再满足一次您的愿望。”

它让我闭上眼睛，数完一二三再睁开。我照着它的话去做，果然变成了一朵蒲公英！

我和好多好多蒲公英在一起随风飘飞着。

我听见大地上又有孩子在唱：

老头儿、老头儿，你下来！
老头儿、老头儿，你下来……

常常想起的朋友

我常常想起的朋友，
像润物无声的春雨，
像林中清亮的溪流，
像冬天有阳光的日子。

默默地带给我许多关爱，
像夏夜里悄悄吹来的微风，
从不用多余的表白，
就让我心头雨过天晴。

常常不期然地来到我身边，
我像看见了雨后初绽的花，
望着你灿烂的笑脸，
这世界忽然变得如此广大。

友情是一本读不完的书，
友情是一棵常青的树。

阅读提示 【紫雨老师的话】

忆与念都是属于心的！

忆是对曾经的一切：行为与情感，人物与故事等等的一种回顾；

念是对内心的愿望：盼望与期许，祈祷与祝福等等的一种追思。

原本只是儿时看着漫天飞舞的蒲公英心生的一种愿望："老头儿，老头儿，你下来"，到了真正成为老头儿时，却又被蒲公英所吸引得想"上去了"！不管是期盼蒲公英变成老头儿，还是老了期盼自己变成蒲公英，都与年龄与形态无关了，能将所有愿望变成现实的原因只有一个："我的心没老。""老头儿、老头儿，你下来"——这就是一种执着的"念"，可以成全一切心愿的"念"！

忆念，肯定是有人有故事的！

第22堂课　树

22

Lesson 22

沉默的树

五十年前，有一个小学生，在河边种下了这棵树。

五十年后，这棵树长得高大挺拔。

它每天都在河边照自己的影子。每当它看见自己的倒影，就想起五十年前的一个春天，小学生植树的情景：

他们都是八九岁的孩子，和小树苗一样稚嫩，他们的歌声也是甜甜的。它是伴随着他们的歌声，在河边的土地上扎下根的。

它还记得刚种下树的那几年，年年春天，当小学生们来郊游的时候，总会来看望他们种的树，他们总是指着一棵棵树说：

“这是我种的！”“这是我种的！”

后来，他们渐渐地来得少了。后来，他们就不怎么来了。他们都老了吧？

有一天夜里，风雨大作，好像从四面八方，伸来无数只手摇撼着那棵树，又好像有无数只手，从天上伸下来，想把那棵树连根拔起。

终于，它被刮倒了，倒在小河里。

现在，它横卧在小河上，树根搭在这一岸，树梢搭在另一岸。

它像一根独木桥。

第二天，风停了，雨住了，风和日丽。但是，那棵树仍倒在河面上。

它的半边枝条浸泡在水里，不时有小鱼小虾从枝叶间游来游去。

“嘻，嘻，大树在洗澡！”一条小鱼说。

“瞎说！这是一棵横着长的树！”另一条小鱼说。

“不懂别装懂，这是一棵睡觉的树！”又一条小鱼说。

听了小鱼的话，大树很难过，它望着水中的影子叹气，它们为什么就没想到，我是一棵被刮倒的树呢？

这时，有一只羊走来，踏上倒下的树干往前走，从树根走到树梢，它高兴地说：“谁说羊不会爬树，看，我都爬到树梢了！”

紧随它身后，走来了小狗、小猫、小鸡、小鸭，还有一只大白鹅，都排着队从大树的身上走过去。

“多么好的独木桥！”大家一齐欢呼。

从此，它真的成了桥。人们也从“桥”上走来走去。

夜深人静的时候，再没人过“桥”了，大树才能安下心来想一想，该怎么办？

星星说：“你要大声喊叫，让人们把你扶起来。”

星星不知道树的语言是无声的。它一生所说的话，都深深地藏在心里，印在年轮里。

秋天来了，倒下的树，叶子都掉了。

冬天来了，倒下的树，躺在结冰的河里。

春天来了，小河解冻了，开始沥沥地流着。

大树，仍躺在水里。

有一群孩子又来植树，发现了这棵倒在河里的树。他们想把它扶起来，费了好大的力气，也没扶起来。

正当他们看着大树叹气的时候，走来一位老爷爷，他来帮忙扶，费了好大的力气，还是没扶起来。

老爷爷扶着树哭了。

孩子们很惊奇，为这点事也值得哭吗？

老爷爷伤心地说：“这是我种的树啊！”

孩子们眨巴着眼睛，不知道该说什么好。

树，仍然沉默着。

愿站成一棵树

只有走进林中，你才能
真正地理解鸟儿的叫声

那是被晨光唤醒的声音
那是被露水润湿的声音
那是被花香浸染的声音

唱的是，树与树的故事
唱的是，叶与叶的亲昵
唱的是，花与花的秘密

愿站成一棵树，为的是
真正地理解鸟儿的叫声

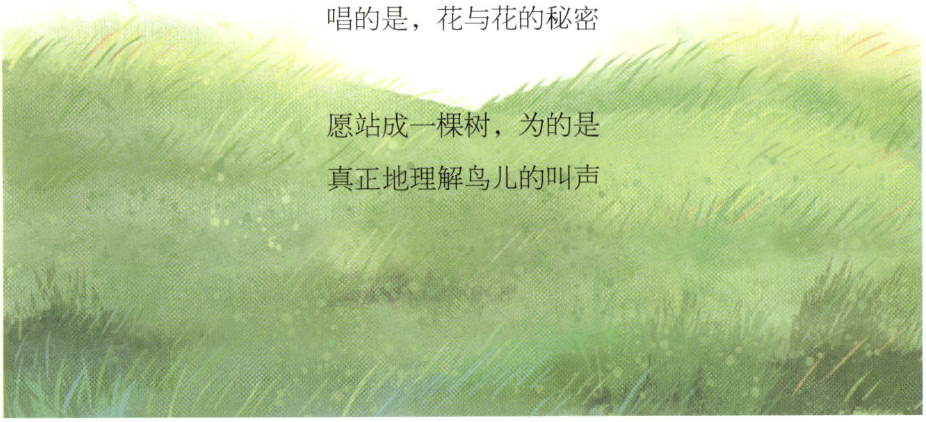

树的家庭

我走进森林的世界。

我从来都没见过这么多的树：有红松、有椴树、有柳杉、有白桦……

它们组成了一个和睦的大家庭。

红松像慈祥的老爷爷，

椴树像魁梧的爸爸，

柳杉像美丽的妈妈，

而小白桦，像伶俐的妹妹。

走进树的家庭，我想起我的家。

阅读提示 【紫雨老师的话】

金波爷爷是一位有大树情结的诗人！

在他的眼里，树不只是有生命，更是有丰富情感的生物，是有灵性的朋友。

他能读懂《树的家庭》，不仅从不同品种的树身上读到他们不同的品质，更可贵的是读懂了各种树木之间的关系，在金波爷爷的眼里，每棵树不只是组成森林的元素，更有他们自身所不可替代的角色：老爷爷的慈祥，爸爸的魁梧，妈妈的美丽，妹妹的伶俐……在树的家庭里一应俱全。

当人与树，互相能读懂，一切交融就变得那么的自然了。

树像守护着大地，永不离岗的人。人像一棵走动的树。

爱树的人，当然《愿站成一棵树》，不只是为了能听懂鸟鸣里那些美妙的声音，也不只是为了能听懂树与树、叶与叶，还有花与花之间那份亲密的交流，更多的是为了能懂它们的心，哪怕是一棵不再站着的树。为了能向着森林，自然地和树谈心，成为自然与人类之间言语的转述者。

只要你愿意去聆听自然，你也可以和树谈心，和花对话，与鸟交流。它们会告诉你更多！可能是一个童话，可能是一首诗，更可能是另一个世界的言说……源于情感的爱恋，源于意愿的守护，源于思想的追溯，你就成为一个情守大自然的人！

追求

第23堂课

23

Lesson 23

秋天的蟋蟀

老爷爷是一位小提琴手，他的琴声好听极了。每天晚上，当他拉琴的时候，窗外的夜莺就不叫了，天上的星星就不眨眼了，连邻居的小娃娃也不哭了，周围静悄悄的，都在听他拉琴。

这是一个深秋的夜晚，老爷爷又开始拉琴。琴声飞出了窗外。窗外住着一只蟋蟀。整整一个夏天和秋天，他都在听老爷爷拉琴。

蟋蟀天天听，慢慢地他记住了那优美的旋律。到后来，他的叫声和琴声一模一样了。

今夜，当老爷爷又拉起琴来的时候，蟋蟀没有跟着叫，他觉得很冷，翅膀冻得发僵。

他从老爷爷的琴声里感到秋风越来越凉了。他不知道自己在这个世界上还能活多久。也许，过不了几天，他就再也听不到老爷爷的琴声了。想到这些，他从门缝里爬进老爷爷的家。

屋里暖和多了，他觉得自己的翅膀又灵活起来。

当老爷爷又拉起那支最动听的曲子的时候，他也跟着叫起来，他的叫声和琴声那么和谐，就像两把小提琴在齐奏。

老爷爷惊奇地停下来，他发现了脚下这只蟋蟀，他弯下腰问道："刚才是你在叫吗？"

“是呀，我早就学会了模仿您的琴声。”说着，蟋蟀跳到了老爷爷的手上。

蟋蟀站在老爷爷的手上继续说道：“窗外太冷了，我快要冻死了。”

老爷爷很爽快地说：“那就住在我家吧！”

“我住在哪儿呢？”蟋蟀问。

老爷爷想了想，指指他的小提琴，说：“你就住在这里吧！”

蟋蟀一听，高兴极了。他跳上小提琴，在几根琴弦上跳来跳去，发出叮叮咚咚的声响。

日子一天天过去了，天气越来越冷。住在小提琴里的这只蟋蟀，只有在老爷爷的琴声里才忘记了寒冷。

这天晚上，老爷爷要在音乐会上演奏他最受欢迎的一支曲子，叫《秋天的蟋蟀》。这只曲子，蟋蟀最熟悉，也最喜欢。

蟋蟀请求老爷爷：“带上我吧，我要参加您的音乐会。”蟋蟀的声音有些发抖，是啊，今天晚上天更冷了。老爷爷怎么忍心把他留在家里挨冻呢？

老爷爷带上蟋蟀走出了家门。

在金碧辉煌的音乐大厅里，天鹅绒的大幕拉开了。观众用热烈的掌声欢迎老爷爷为他们演奏。

蟋蟀藏在小提琴里一动不动，静静地听着优美的琴声。

琴声把大家带进了秋天的山野，那里飘着瓜果的香味。琴声又让大家感受到秋风是越来越凉了，叶子随风飘落着。

正当老爷爷拉得最激动的时候，忽然嘎嘣一声，琴弦断了一根。啊，老爷爷有些措手不及，正不知该怎么办的时候，蟋蟀代替琴声叫起来了，那叫

声和琴声一模一样。观众听得陶醉了，都闭上眼睛听着，听着……

连老爷爷也忘记了是自己在演奏，还是在听蟋蟀演奏。大家都陶醉在蟋蟀的琴声里。琴声表现了在深秋的寒风里，蟋蟀唱着他最后的歌。

直到曲子结束，掌声响起，老爷爷才从蟋蟀的叫声中醒过来。

老爷爷向观众鞠躬谢幕。观众再一次热烈鼓掌。

老爷爷走到台前，向观众大声说："刚才，我在演奏了一半的时候，我的琴弦就断了。"

观众听到这里，你看看我，我看看你，都觉得很奇怪：刚才的琴声很动听啊！

"你们也许很奇怪，这琴声是从哪里发出来的。"观众都屏住呼吸，听老爷爷往下讲，"我告诉大家，刚才是我的蟋蟀的叫声代替了我的琴声！请为他鼓掌吧！"

观众又一次热烈地鼓掌。观众要求蟋蟀谢幕，谁不希望看看这只神奇的蟋蟀啊？

老爷爷向藏在提琴里的蟋蟀悄悄地说："快出来谢幕，大家为你鼓掌呢！"

可是，那只蟋蟀疲乏地挪动着脚步，慢慢出小提琴。

观众更加热烈地鼓掌，这是希望蟋蟀再一次用他的叫声为大家模仿小提琴独奏。

音乐大厅里又响起了蟋蟀的叫声。那叫声和老爷爷的琴声一模一样，让人感受到深秋的寒意。人们好像看到了一只蟋蟀在秋风里瑟瑟地发抖。慢慢地，那叫声越来越弱，秋天走了，冬天就要来了。

蟋蟀的表演结束了，观众又一次热烈地鼓掌。老爷爷忽然发现他的蟋蟀慢慢地倒在小提琴上，他的腿抽动了几下，就再也不动了。

蟋蟀死了。

他死在最后的叫声中。

这时候，整个大厅里又响起了蟋蟀那提琴般的叫声，久久地回荡着，回荡着……

花的梦

我从植物园归来，
带回一个彩色缤纷的梦，
我梦见在我们的土地上，
到处鲜花盛开、万紫千红。

我家的台阶前，
一直伸展到远远的天边，
有一群簇拥着的姐妹，
那是一片紫色的玫瑰。

路的两旁白得像落满了雪，
那里是玉兰花的世界；
山上闪着明亮的火星，
那是蒲公英开遍了山野。

吊钟花在微风里轻轻地摇，
鸡冠花把头昂得很高，

泉边有天鹅绒般的青苔，
茑萝花攀上了树梢。

还有世界上最大的花朵，
大王莲能做小妹妹的摇篮；
小小的花朵是珍珠梅，
它穿着月光一样的衣衫。

在镜子般的池塘里，
有绿的浮萍，粉的荷花；
就是那放牧的小弟弟，
也喜欢戴着花环玩耍。

好像一年四季的花朵，
忽然在这一夜开放，
又像天上的彩虹，
纷扬着落在我们的土地上……

当我从这梦中醒来，
我又编织着另一个梦境：
我要像领着小弟弟、小妹妹那样，

领着这些花朵开始春天的旅行。

去给山冈披一件花的衣衫，
去给小河镶两行彩色的花边，
再给养蜂场周围的田野，
铺上无边的鲜花的地毡。

在这里闻着花香，听着鸟语，
把生活打扮得更加美丽；
养蜂老爷爷会夸奖我们——
送来的是花，也是蜜！

阅读提示

【紫雨老师的话】

生之所以为生，终归是为其生命有所追求。这份追求可以是伟大而庄重，亦可以是平凡而轻巧；这份追求可以是神圣而普众，亦可以是朴实而自我。只要一个生命有一份健康的追求，就一定会在点亮自己的时候也照亮着别人。

《秋天的蟋蟀》以生命阐释了对艺术的追求。是老爷爷用琴演奏着来自自然的声音，还是蟋蟀在模仿着艺术的琴声？孰真孰幻？当蟋蟀将自己的叫声融进了琴声，当爷爷将蟋蟀收留在自己的提琴里，自然与艺术的交融就已经天成。爷爷的提琴突然断弦，而蟋蟀代替琴声叫起来了，“那叫声和琴声一模一样。观众听得陶醉了，都闭上眼睛听着，听着……”这是人与自然最为美好的融合。虽然最后，“蟋蟀死了。他死在最后的叫声中。”他死在了自己毕生的追求之中，用生命赢得了其他蟋蟀所无法获得的掌声！

《花的梦》是花在梦幻，还是人梦幻进入花的世界！恍惚间，我们看到了不同的花那五彩缤纷的追求：紫色的玫瑰、白得像雪的玉兰花、如明亮火星的蒲公英、轻轻地摇摆的吊钟花、把头昂得很高的鸡冠花、能做小妹妹摇篮的大王莲，就连那绿色的青苔和浮萍也有各自不同的梦。花的梦境里有人，还有和人一起甜蜜地编织着的诗！

陪伴

第24堂课

24

Lesson 24

一只蓝鸟和一棵树

一只蓝鸟衔着一粒小小的种子，在蓝天里飞翔。

它忽然听到一种细微的声音在和它说话。那声音好像是从它自己的心里发出来的。它听见那细微的声音说：

“你不要吃掉我，好吗？我是一粒小小的树种啊，请把我种在地上吧！”

于是，蓝鸟从天上飞下来，落在一个光秃秃的山丘上。它对那粒种子说：

“我把你种在这儿好吗？你看，这里还没有一棵树呢！”

种子很高兴。蓝鸟就用它尖尖的嘴巴啄啄土地，把树种埋在光秃秃的山丘上了。

春天来了。

种子发芽了。

嫩芽长成一棵小树了。

当小树开花的时候，蓝鸟就飞来看望它的小树了。

“你还记得我吗？”蓝鸟问小树。

“我怎么会忘记你呢，”小树很高兴，“是你把我种在这儿的呀！”

蓝鸟围着小树飞了一圈又一圈，一面飞一面夸赞它：

“你的花开得真美！”

小树听了，高兴极了。于是，它的花开得更艳了，更香了。

蓝鸟给小树唱了一支歌：

我要赞美你的花朵，
为你唱支美丽的歌。
花朵开放就是生命，
生命给人带来快乐。

蓝鸟唱完了这支歌，又围着小树飞了一圈，就飞走了。
夏天来了。
花儿落了。
满树只剩下绿油油的叶子了。
那只蓝鸟又飞来看望它的树了。
这回是小树先说话了。它的声音有些悲哀：
“你看，我的花都谢了，你还爱我吗？”
蓝鸟围着小树飞了一圈又一圈，一面飞一面夸赞它：
“你的叶子也很美呀！”
小树听了，高兴极了，它用碧绿的叶子拥抱着它的蓝鸟。
蓝鸟又给小树唱了一支歌：

我要赞美你的绿叶，
为你唱支美丽的歌。

叶子碧绿就是生命，
生命给人带来快乐。

蓝鸟唱完了这支歌，又围着小树飞了一圈，就飞走了。

秋天来了。

寒冷的风阵阵袭来。

一片片叶子随风飘零。

那只蓝鸟又飞来看望它的树了。

还没等蓝鸟说话，小树就呜呜地哭了，它一面哭，一面说：

“你看，我连一片叶子都没有了，你还爱我吗？”

蓝鸟围着小树飞了一圈又一圈，最后跳上枝头，亲切地和小鸟说：

“难道我只爱你的花，你的叶子吗？我是爱着你的生命啊！”

那天，迎着寒冷的秋风，蓝鸟又给小树唱了一支歌：

我要赞美你的生命，
为你唱支美丽的歌。
生命能够战胜严寒，
还会长出绿叶花朵。

蓝鸟唱完了这支歌，又围着小树飞了一圈，就飞走了。

冬天来了。

雪花落满了枝头。

远远近近白茫茫一片。

许多鸟儿都飞到南方去了。

小树知道，在这寒冷的冬天，蓝鸟是不会再来了，它一定也飞往温暖的南方了。

但是，就当雪越下越大的时候，那只蓝鸟又飞来看望它的树了。

蓝鸟全身披满了雪花，它瑟瑟地抖着。它落在枝头，嘴里衔着一根枯草，它把枯草架在枝头上。这回，还没等小树说话，蓝鸟就先开口了：

“小树，我在你这里筑一个巢，好吗？”

小树被深深地感动了，它什么话也说不出来，竟高兴得哭起来了。

从那天开始，无论是晴朗的天气，还是下雪的日子，蓝鸟都飞来飞去，衔回树枝，衔回草叶，衔回羽毛，筑它的巢。

在寒冷的冬天，小树也能天天听见蓝鸟为它唱歌。

蓝鸟没有走，春天也没有走。

回　声

这绿色的山谷多么好，
有这么多红的花，绿的草，
还有满山的果树，
结着鸭梨、苹果和蜜桃。

这里还有一位小伙伴，
他整天在山谷里奔跑，
多少次我想见他一面，
只因山深林密找不到。

可是我唱山歌，
他也跟着唱山歌；
我吹口哨，
他也跟着吹口哨。

他还爱学那小鸟吱吱地唱，
爱学那羊羔咩咩地叫，

夜晚学那泉水哗啷啷摇铃，
清晨学那金鸡打鸣儿报晓。

如今他不再学那
爷爷小时候饥饿的哭声，
兵荒马乱的枪声，
和那深夜的狼嗥。

他每天跟我学：
幸福的歌，爽朗的笑；
我们一唱一和的声音，
整天在山谷里飘。

如果你想知道他的名字，
你就向群山问一句：
“叫你‘回声’好不好？”
他准会答应一句——“好！”

鸟 巢

鸟巢，是大树的
另一种风景
鸟巢，是大树的
另一种生命

没有鸟巢的大树
日子很寂寞，很冷清
叶子和叶子对语
根和泥土默默倾听

大树有了鸟巢
就像大树开了一朵花
鸟巢里
白天升起太阳
夜晚升起月亮
雏鸟和星星说话

鸟巢让沉默的大树快乐
鸟巢让大树的生命鲜活

阅读提示 【紫雨老师的话】

陪伴，可能是你自己的期盼，也可能是陪伴者的期盼。在需要的时刻陪伴是一缕光，在平淡的日子陪伴是一首诗！

《一只蓝鸟和一棵树》的陪伴是那样的相依相恋。蓝鸟陪伴着一粒种子长成一棵树，陪伴着它走过一年四季：春天赞美它的花，夏天赞美它的叶，秋天赞美它的生命，而在那寂寞的整个冬天干脆筑巢相伴，因为它们要一起迎接春天。人生也有四季，在你的四季里如此欣赏自己，陪伴自己的是可以终生相依相托的人。

《回声》里讲述的是一种淘气的陪伴，甚至是一种捣蛋鬼的陪伴：唱山歌、吹口哨、学那小鸟吱吱地唱、学那羊羔咩咩地叫、学那泉水哗啷啷摇铃、学那金鸡打鸣儿报晓……就是一个开心果，就是一个淘气包。当然，爷爷当年的陪伴却是不一样的色调。原来这个叫“回声”的陪伴首先是看你给了它怎样的陪伴！

如果你已经学会将主题里的篇目相联系起来阅读，那么你就会发现诗歌《鸟巢》其实就是《一只蓝鸟和一棵树》的另一种描述。反复地朗诵便会发现“鸟巢”和“大树”之间，就有了一种相互依存的关系。他们互相成为生命里的风景，互相倾听，互相拥有，互相奉献，彼此获取快乐，让生命有了另一种表现形式。

就像你读着的这本书，也许，生活中的你期待着金波爷爷作品的陪伴，而金波爷爷又何尝不是在书中等着你的到来！陪伴所带来的幸福，不只来自对别人情感的解读，更在于你如何将自己编织进别人的世界。

作家走进校园

ZUOJIA ZOUJIN XIAOYUAN